어리석은 자에게 권력을 주지 마라

어리석은 자에게
권력을 주지 마라

Keine Macht den Doofen

미하엘 슈미트-살로몬 | **김현정 옮김**

고즈윈
God'sWin

차례

어리석음이 유행병이 되다

인류에게 가장 위협적인 존재는 지진도, 쓰나미도, 양심 없는 정치인도, 탐욕스러운 경영자도, 수상한 음모자도 아니다. 바로 전 세계에 걸쳐 모든 분야를 휘감고 있으며 역사상 유례없이 전개되고 있는 거대한 어리석음이다. 이 사실을 믿지 못하는 이라면 이미 어리석음에 감염된 것이다.

어리석음, 이것은 인류 역사에서 결코 사라지지 않는 거대 속성으로, 수천 년 전부터 변하지 않고 있는 세계의 권력이다. 왕과 교황, 대통령도 임기가 끝나면 물러나고, 사회도 생겨났다 붕괴하며, 선거공약 또한 약속되었다가 잊히지만, 어리석음은 그대로 남아 있다. 혁명 역시 자연재해나 세계대전, 금융 위기가 그랬듯이 어리석음에 아무런 영향을 끼치지 못했다. 물론 인간의 공존을 좀 더 이성적으로 구성해 보려는 희망적인 시도가 있긴 했지만, 그러한 실험은 오래 지속되지 못했다. 어리석은 자, 편협한 자, 영원한 보수주의자, 희망 없는 낙오자들로 구성된 막강한 국제 협회가 지휘대에 올라 박약한 박자로 역사를 좌지우지했고, 이 박자에 맞춰 세계정세가 돌아갈 수밖에 없었다.

미국의 제2대 대통령 존 애덤스John Adams는 "다른 모든 학문이 진보하는 동안 정치 기술은 제자리걸음을 걷고 있으며, 3,000년이나 4,000년 전보다 나아진 것이 없다."[1]고 18세기에 이미 한탄한 바 있다.

존 애덤스의 말처럼 정치 기술은 변화된 것이 거의 없다.

인간은 다른 분야에서 많은 업적을 달성했지만, 정치 분야에서의 성과는 점점 부진해지고 있다. 그 이유는 무엇일까? 정신적으로 뒤처진 사람들에게 특수한 발전 가능성을 요구한 탓에 정치가 학문과 예술보다 정신적으로 뒤처진 것이라 볼 수 있을까? 이러한 논제를 증명해 줄 정치인의 예는 쉽게 찾을 수 있다. 그러나 이 논제는 현실을 비켜 가고 있다. '어리석은 자의 권력'은 시원찮은 개인적 재능(다행스럽게도 인류의 평균에 비해 빈번하게 나타나는 것은 아니다)이 아니라 집단적 사고 박약에서 비롯되는 것이기 때문이다. 사실 어리석음은 늘 존재하고 있기 때문에 그 광기를 인식하기 어렵고, 정치적으로는 유행병의 규모가 되는 경우에 효력을 나타내 보인다.

유감스럽게도 이것은 일반적인 현상이다. 프리드리히 니체는 이에 대해 "광기는 개인에게는 드문 일이다. 그러나 집단, 당파, 민족, 시대에서는 일상적인 일이다."[2]라고 요약했다.

이러한 '지극히 정상적인 광기'에 대해 우리가 격분해야 할 사실은 광기가 대체로 시간 및 공간적인 거리를 두고 판단할 경우에만 인식된다는 점이다. 이는 우리가 문화적인 매트릭스 안에서 사회화된 포로이기 때문이다. 그리고 우리 자신의 현 문화를 일반적으로 아주 이성적이라고 생각하기 때문이다. 하지만 우리 문화가 정말로 이성적일까? 우리는 실제로 과거의 인류보다 훨씬 현명한가? 어쩌면 우리는 다른 어리석음의 옷을 입고 있는 것이 아닐까? 오늘날 우리가 격노한 날씨의 신에게 자비로움을 구하고자 인간 제물을 바치던 과거의 인간을 바라보듯 미래 세대도 '교양 있는 문명인'인 현재의 우리를 연민과 당혹스러운 시선으로 바라보지 않을까? 우리 역시 과거의 인간과 똑같이 고루하고 편견이 가득하며 편협한 것은 아닐까? 오늘날 우리는 누구를 제물로 바치고 있는 것일까? 어떤 이유로?

안타깝게도 비현실적인 매트릭스에서 빠져나오기 위해 삼킬 수 있는 빨간약은 없다(영화 〈매트릭스〉에서 주인공 네오는 기억을 지우는 파란약과 매트릭스 및 현실 세계를 넘나드는 빨간약 중 어느 것을 선택할지 질문을 받는다–옮긴이).[3] 현재 우리 모두가 안고 있는 시대적 허위를 조금이나마 극복하려면 사고의 노력이 필요하다. 하지만 애석하게도 사고의 노력이 필요하다는 이 사실만으로도 대부분의 인간이 평생 이러한 매트릭스 안에 갇혀 살게 된다. 도대체 누가 (십자 낱말 퀴즈를 푸는 사람 말고) 기꺼이 사고의 노력을 하려 들까?

아르투어 쇼펜하우어는 정신적 노력을 마음 깊이 혐오하는 것이 인간의 본성이라고 생각하며 다음과 같이 말했다. "인간 다수는 인간의 본질상 먹고 마시고 성교하는 것 외에 아무것도 진지하게 생각하지 않는다."[4]

이 점은 진화 생물학적 관점에서 볼 때 설득력이 있다. 자원을 소비해 봤자 아무 소용없다는 것이 명백하다면, 인간이 과연 자원 집약적인 자신의 사고 기관을 과다하게 사용할 필요가 있겠는가? 결과적으로 문화적 매트릭스에서 벗어나기 위해 이성을 과다하게 사용한 사람은 이를 통해 거의 득을 보지 못했다. 실제로 인류 역사상 많은 사상가가 살아 있을 때 존경받기는커녕 비난과 조롱, 감금과 추방을 당하고 박해받았다. 심지어는 살아 있는 채로 화형당하기도 했다.

잔악한 종교재판 행위 이후로 많은 것이 변하기는 했지만, 권력과 어리석음의 끈질긴 관계는 여전히 유지되며 남아 있다. 지배적인 어리석음이 곧 지배자의 어리석음이기도 하다[5]는 원칙이 전과 같이 통용된다. 따라서 공공적 이성(말하자면 현재 통용되는 어리석음에 대한 합의)에 반항하는 사람은 현 상태의 수호자와 어쩔 수 없이 갈등을 겪게 된다. 과연 누가 국가와 사회, 종교계에서 높은 자리를 차지하고 있는 지배자의 호감을 잃으려고 할까? 어리석은 짓을 폭로하던 사람도 결국에는 자신 또한 어리석은 자라는 사실을 경험으로 깨닫게 되지 않는가? 대부분의 사람이 비록 논리에 어긋나더라도 시대에 순응하고 관대한 태도를 보이는 것을 '현명함'의 징표로 보지 않을 이유가 있는가?

"(오직) 아이와 바보만이 진실을 말한다."는 말이 이유 없이 나온 게 아니다. 한스 크리스티안 안데르센의 지혜로운 동화 《벌거숭이 임금님》에서 다른 모든 이들이 말하기 꺼리는 진실을 한 꼬마가 용기 내어 말한 일은 우연이 아니다. 왕이 벌거숭이라는 사실, 권력의 대표자가 기이하고 괴상한 속임수에 넘어갔다는 사실은 이성적인 어른들이 생각하기에는 매우 경악할 만한 일이다. 자유로운 사고는 표면상으로 보면 인습이라는 구속복을 아직 입지 않았거나(안데르센의 동화에 나오는 꼬마처럼) 구속복을 벗고 세상 사람의 눈에 바보로 보일 때에만 가능하다.

구속복을 벗어던지는 바보가 되면 흔히 말하는 자유를 즐길 수 있다. 다만 이 자유에는 사람들에게 더 이상 진지하게 받아들여지지 않는다는 대가가 따른다. 결과가 어떻든 간에 몇몇 사람에게는 교수 모자보다 바보 모자가 더 잘 어울린다. 나 역시 이 책에서 자신의 의견을 터놓고 말하는 바보의 자유를 누릴 것이다. 비록 그 때문에 진지하게 받아들여질 모든 기회를 잃게 되더라도 상관없다. 이는 나이가 들어서도 성숙하지 않는 일종의 어린아이의 반항과도 같다. 누가 봐도 벌거숭이인 임금님이 옷을 입었다고 말하는 사람들을 나는 참을 수가 없다. 정치가, 종교 지도자, 경제학자, 언론 종사자, 심지어 철학자들로부터 매년, 매달, 매주, 매일 항상 내용도 없는 똑같은 빈말을 듣는 일이 싫증난다. 자칭 아주 지적이라는 이 사람들이 조야하고 허황한 생각을 허구한 날 추종하는 모습을 보면 구역질이 날 지경이다.

그렇다고 나 자신이 특별히 지적이거나 이 논쟁서에 언급된 모든 문제에 대해 올바른 답을 알고 있다고는 결코 생각하지 않는다. 하지만 더 나은 주장이 제시되기 전까지 내 입장을 고수할 만큼 바보인 것은 맞다. 그러므로 나는 반대 측의 논거가 있기 전까지 이른바 현재의 고도 문화가 인류의 과학기술적 잠재력뿐만 아니라 인간의 어리석음도 함께 고조시킨다는 입장에 설 것이다. 어리석음은 현 세계정세를 대단히 위험하게 만들고 있다. 최고의 과학기술과 최고의 우둔함이 맞붙을 경우 그 결과는 대개 참담하다.

인간이 '어리석은 자의 권력'을 영속적으로 행사할 수 없다는 사실은 천재가 아니라도 인식할 수 있다. 선입견에 사로잡히지 않은 아이의 눈으로 세상을 관찰하기만 해도 충분하다. 안데르센의 동화에서 '어른들의 어리석은 속임수'에 아랑곳하지 않은 단 한 명의 꼬마가 궁정 전체의 광기를 무너뜨렸다. 나는 사람들이 점점 이 꼬마의 행동을 따랐으면 한다. 어쨌든 진화는 우리 인간에게 놀라울 만큼 복합적이면서 변화할 수 있는 사고 기관을 선사했다. 우리는 이 사고 기관을 더욱 지적인 방식으로 사용해야 할 것이다.

1장

호모 데멘스

인간임이
부끄러운 이유

Keine Macht den Doofen

우리는 인간의 특별함을 드러내기 위해 우리 자신에게 얼마나 화려한 별칭을 부여했던가. 호모 압스콘디투스Homo absconditus(신비적 인간), 호모 에스테티쿠스Homo aestheticus(미학적 인간), 호모 크레아토르Homo creator(창조적 인간), 호모 이노바토르Homo innovator(독창적 인간), 호모 루덴스Homo ludens(유희적 인간), 그리고 무엇보다도 자화자찬의 절정이자 고상한 우리 인류를 공식적으로 지칭하는 호모 사피엔스Homo sapiens(현명한 인간)가 있다. 별로 유감스럽게 여기지 않는다면 호모 사피엔스라는 말은 역사를 통틀어 가장 재미있는 농담일 것이다. 현명한 인간, 이 말은 초식 사자나 탭댄스를 추는 지렁이, 관료주의적 쥐처럼 아주 우스꽝스럽게 들린다.

우리 인간이 어느 정도 정신적 명민함을 갖췄다는 사실을 부인할 수는 없다. 하지만 과연 현명하다고 볼 수 있는가? 현명함은 과거와 현재를 통틀어, 허영심 가득한 원숭이에 불과한 우리 인간에게 결핍된 요소다. 드높이 칭송되는 인간의 지성, 우리는 이 지성을 더 나은 세상, 더 살기 좋은 세상을 만드는 데 우선적으로 사용하지 않고, 서로를 속이고 빼앗고 착취하고 학살하는 데 사용했다. 그렇다면 무엇을 얻기 위해 그런 일을 했나? 결국 모두 헛된 짓일 뿐이었다. 이 같은 비참한 게임에서 권력과 부를 거머쥔 승자는 근심 없는 편안한 삶을 결코 누리지 못했기 때문이다. 오히려 그들은 자신이 이룬 성공의 결실을 불안한 마음으로 꽉 움켜쥔 채 자신도

속아 넘어가고 빼앗기고 착취당하고 학살당하지 않을까 하는 공포에 끊임없이 떨며 살아야 했다. 이보다 어리석을 수는 없다! 그런데도 이러한 게임이 세대를 걸쳐 지속되고 있다.

솔직하게 한번 말해 보자. 인간의 역사는 아주 오랫동안 비인간성의 역사가 아니었던가. 1,000년이 넘도록 인간은 서로를 학살해 왔을 뿐이다. 고문당하거나 교수형당하고, 돌팔매질로 죽임을 당하거나 칼에 찔려 죽고, 교살당하거나 때려 맞아 죽고, 총살당하거나 화형당하고, 독살당하거나 독가스로 죽임을 당한 수많은 사람의 수를 누가 세어 보겠는가? 인간에 의한 비인간적인 피의 흐름이 수 세기에 걸쳐 이어지고 있으며, 이것이 바로 역사라는 이름으로 불리는 무의미한 살인과 살육, 착취, 폭력 속에 흐르는 본질이다.

이러한 이유에서 인간에게 훨씬 적절한 명칭은 호모 사피엔스보다 호모 데멘스[6], 즉 광기의 인간이다. 바로 이 호칭이야말로 인간을 다른 동물과 뚜렷하게 구분해 준다. 오로지 인간만이 '신'과 '조국', '명예', '명성'과 같은 순전한 가공물을 위해 삶을 희생할 만큼 충분히 미쳐 있다. 그리고 인간들은 이 모든 이데올로기를 자신들이 처참한 종말을 맞이할 때까지 싸워 지켜야 할 만큼 충분히 합리적인 것이라 여긴다.

종교의 역사만 보더라도 인간의 이 같은 엄청난 광기를 충분히 엿볼 수 있다. 훌륭한 가상의 친구('신')를 옆에 두고 있다는 사실을 입증하려고 출정하는 정신 나간 침팬지는 없을 것이다. 하지만 인간은 항상 그래 왔고, 앞으로도 이런 아둔하고 우스꽝스러운 짓을 끝낼 기미를 좀처럼 보이지 않는다. 직립보행하는 어리석은 인간은 '창조신'이 오직 자신들만을 위해 우주를 만들었다고 여전히 착각하고 있다.

인간이 우주의 중심에 서 있다는 오만은 호모 데멘스가 만들어 낸 가장 어리석고, 정치적으로 끔찍한 망상이며, 온갖 멍청함의 극치라고 할 수 있다. 이러한 오만으로부터 어리석은 종교 행위뿐 아니라 호모 데멘스가 오래전부터 무자비하게 행사해 온 지구에 대한 세속적 통치권 또한 파생되었다.

그러므로 인간의 이 아주 특별한 아둔함의 근본을 규명해 볼 필요가 있다.

우주의 하루살이

우선 진부한 우주론적 사실부터 알아보자.[7] 지구는 두 발 달린 미천한 인간에게 아주 거대해 보일지 모르지만, 우주의 척도에서는 '우주먼지 입자'라고 지칭될 만큼 눈에 띄지 않을 정도로 작다. 지구를 태양과 비교한다면 수박씨와 수박이라고 할 수 있다. 하지만 태양 역시 우주 안에서는 노란 난쟁이에 불과하다. 붉은 거성 아르크투루스Arcturus(목동자리 알파별로, 크기가 태양의 34배인 적색거성이다–옮긴이)에 비하면 수박씨 크

기이며, 붉은 초거성 베텔게우스Betelgeuse(오리온자리의 알파별로, 태양의 지름보다 약 900배가 큰 적색 초거성이다-옮긴이)와 비교하면 아예 보이지도 않을 만큼 작다.[8]

코페르니쿠스 이후로 우주의 중심(끝이 없는 우주에서 중심이라는 게 있을 수도 없겠지만)이 지구가 아니라는 사실이 널리 알려졌다. 지구는 자신의 은하계에서조차도 중심에 존재하지 않는다. 오히려 은하 중심에서 약 2만 6,000광년 떨어진 아주 외진 구역에 위치해 있다. 지구가 속한 은하계는 태양을 비롯 약 3,000억 개 이상에 이르는 별을 포함하는데, 이 또한 약 700해垓(해는 100,000,000,000,000,000,000로 10²⁰에 이르는 수-옮긴이) 개의 별이 돌아다니는 약 1,000억 개에 이르는 은하계 중의 하나일 뿐이다.

호모 데멘스에 의해 철저하게 밀려난 인간의 우주적 무의미성은 공간 차원뿐 아니라 시간 차원에서도 나타난다. 이를테면 지금까지의 우주 '존속 시간'(총 137억 년) 중 3분의 2는 46억 년 전 무한히 넓은 우주 공간에 태양과 지구가 나타났을 때 이미 지나갔다. 그때까지는 스스로 피조물의 절정이라고 착각하는 인간에 대해 아무것도 예감할 수 없었다. 또 최초의 척추동물이 생겨나기까지 약 40억 년 이상이 걸렸는데, 이 시간은 총 지구 역사의 90퍼센트를 차지한다. 4억 1,600만 년 전에는 최초로 바다에서 척추동물이 상륙하여 정착했으며, 약 2억 5,000만 년 전에는 최초의 포유동물이 출현했다. 물론 당시에는 생쥐나 쥐의 크기에도 못 미쳤을, 파충류에서 진화한 우리 선조들에 대해 전도유망한 미래를 예측하는 일이 거의 불가능했을 것이다. 우리 선조들은 중생대를 지배한 공룡과 익룡의 그늘에 너무나 가려 있었다.

이 같은 정세는 6,500만 년 전 지구에 치명적인 운석이 떨어지면서 비로소 변화했다. 당시 운석으로 인해 지구상의 모든 식물 종과 동물 종(모든 공룡과 익룡을 포함하여)의 절반 정도가 멸종되었는데, 이 비참한 재앙 이후에 비로소 포유동물이 발달했고, 그중 특히 인류가 속한 영장류의 질서가 잡혔다. 하지만 그때부터 근대 인류가 발생하기까지는 또 수백만 년이 걸렸다. 약 1,500만 년 전에 인류의 계보에서 오늘날 긴팔원숭이의 조상이 분리되었다. 1,100만 년 전에는 오랑우탄이, 600만 년 전에는 고릴라가 인류의 계보에서 분리되었다. 그로부터 약 100만 년 뒤에 오늘날의 침팬지와 보노보가 인류의 계보에서 분리되었다. 이러한 점에서 볼 때 호모 데멘스인 인간은 고릴라보다 침팬지와 더 유사하다.

인간과 침팬지의 계보가 분리되던 시기에 우리 인간은 자신들이 먼 훗날 십자 낱말 퀴즈를 풀고 우주 공간을 비행하는 후손을 배출하리라고는 거의 생각하지 못했을 것이다. 오스트랄로피테쿠스의 뇌는 오늘날 침팬지의 뇌보다 그저 조금 컸을 뿐이기 때문이다. 인류의 직계 조상인 호모 에렉투스Homo erectus에 이르러서야 사고 기관의 현저한 발달이 이루어졌다. 그 후 200만 년 안에 호모 에렉투스의 뇌 부피는 두 배로 증가했다(독자 여러분이 오늘날 텔레비전 사용 설명서를 이해할 수 있다는 사실에 대해 무엇보다 훌륭한 옛 조상인 호모 에렉투스에게 감사해야 할 것이다). 그리고 약 20만 년 전에 비로소 호모 에렉투스에서 근대 인간이 발달했다. 흔히 망각하는 사실인데, 당시 존재한 근대 인간의 95퍼센트는 수렵이나 채집을 하며 살았다. 놀랄 만한 일일 수 있지만, 실제로 근대 인간은 종의 역사 중 99퍼센트를 기독교 교회 없이도 잘 살았고 99.9퍼센트는 증기기관 없이, 99.99퍼센트는 휴대전화 없이 잘 살았다.

우주의 역사를 역년으로 환산해 보면 우주에서 인간이 얼마나 하찮은 존재인지가 아주 명확해진다. 우주 대폭발 일시를 1월 1일 0시로 잡으면 9월 초나 되어야 태양과 지구가 생겨난다. 그리고 9월 말에 최초의 원시 생물체가 생겨난다. 12월 중순이 되어서야 최초의 물고기가 바다에서 헤엄치며, 12월 20일쯤 육지에 척추동물이 출현한다. 공룡은 12월 28일부터 30일까지 무대를 장악한다. 그 후 12월 31일 자정이 되기 몇 분 전에 비로소 호모 사피엔스의 최초 대표가 출현한다. 인간의 문화 역사는 우주 달력의 기준으로 볼 때 새로운 해의 1월 1일이 되기 전 마지막 몇 초에 불과하다.

새해 폭죽을 터뜨리기 위해 카운트다운을 해 보자. 열! 신

석기시대가 끝나고 청동기시대가 시작된다. 아홉! 상上 이집트에서 최초의 알파벳문자가 사용된다. 여덟! 이집트에서 왕가의 계곡Vally of the King(투탕카멘을 비롯한 이집트 신왕국 파라오들의 공동 무덤-옮긴이)에 무덤이 건설된다. 일곱! 중국인이 나침반을 발명하고, 그리스인이 청동기시대에서 철기시대로 들어선다. 여섯! 그리스에서 피타고라스가 활동하고, 인도에서 부처가 활동하며, 중국에서 공자가 활동한다. 다섯! 그리스의 고도 문화가 막을 내린 후 로마가 세계의 권력을 장악한다. 넷! 유대 종파에서 파생한 기독교가 지배적인 종교로 발달한다. 셋! 로마제국이 종말을 고하고 이슬람 세력이 팽창하면서 고대 문화가 몰락하고 중세가 시작된다. 둘! 중세 전성기에 접어들어 교황이 십자군을 소집하고 종교재판을 도입한다. 하나! 루터가 종교개혁을 일으키고, 유럽에서 마녀 박해가 시작되며, 코페르니쿠스의 계산으로 지구 중심적이던 세계상이 충격에 빠진다. 영! 새해를 위해 건배!

이처럼 자정이 되기 직전 몇 초를 남기고 호모 사피엔스 데멘스는 비로소 활발히 활동하기 시작했고, 그사이 피뢰침과 전구, 디지털카메라를 발명했을 뿐 아니라 수많은 전쟁에서 수백만의 동족을 학살했다. 그러니 이제 샴페인을 터뜨려 보자! 어차피 파티는 그리 오래 계속되지 않을 테니 말이다.

그렇다면 인간은 우주 대폭발 이후 첫해에 몇 초 동안 존재하게 될까? 1초(환산하면 434.5년)? 10초? 30초? 인간이 이듬해의 첫날 0시 1분까지 존재한다면(2만 6,065년) 제정신이 아닌 종으로서는 대단하다고 볼 수 있으며, 새벽 1시까지 존재한다면(156만 3,927년) 작은 기적이라고 볼 수 있다. 1월 2일 (3,753만 4,246년 뒤)이면 인간은 확실히 존재하지 않을 것이다. 물론 인간이 1월이 지나는 동안 삶의 무대에서 퇴장하는 유일한 존재는 아닐 것이다. 태양의 광도光度(일정한 방향에서 물체 전체의 밝기를 나타내는 양. 단위는 칸델라—옮긴이)가 끊임없이 상승하여 우주 달력으로 1월 14일(약 5억 년 뒤)이면 이미 지구에 고도 생물체가 더 이상 존재하지 못할 것이며, 1월 24일(약 9억 년 뒤)에는 모든 식물이 사라질 것이다. 3월 초(약 20억 년 뒤)에 지구는 완전한 사막 행성으로 변해 있을 것이고, 7월 중순(약 70억 년 뒤)에는 태양이 붉은 거성으로 팽창하여 현재 부피의 250배에 달할 것이다. 짐작하건대 지구는 그 직후에 태양으로 추락할 것이며, 태양은 몇 차례 헬륨 섬광Helium Flash을 일으킨 뒤 7월 말(약 77억 년 뒤)에 백색왜성White Dwarf이 될 것이다. 이 백색왜성은 캠프파이어의 재처럼 한동안, 적어도 우주 달력의 두 번째 해 연말까지 혼자 조용히 빛을 내다가 결국 모든 빛을 잃을 때 소멸할 것이다.

이처럼 우주 달력의 2년을 요약해 보면 두 가지 사실이 명확해진다. 첫째, 지구에서의 삶은 무한히 넓은 우주 공간에서 그저 스쳐 가는 부수 현상일 뿐이다. 둘째, 인간은 이러한 부수 현상 속에서 아주 하찮은 역할만 하고 있다. 우주 달력에서 호모 사피엔스는 기껏해야 하루살이(12월 31일에 태어나 1월 1일에 죽는다)에 불과하다. 좀 더 자세히 들여다보면 그조차 되지 않는다. 지구의 본래 지배자는 인간 이전에 존재했고 앞으로도 여전히 장수할 박테리아였으며, 현재도 그러하다.

'우주의 하루살이'인 인간이 우주의 중심에 서 있다고 착각하는 사실을 어떻게 생각해야 하는가? 이 이상 인간의 정신 이상을 입증해 주는 명확한 증거가 있는가? 교회와 이슬람 사원, 유대교당, 신전에서 매일 넘쳐 나는 과대망상을 간과할 정도로 인간은 도대체 얼마나 아둔하단 말인가? 무한한 우주를 창조했다는 조물주는 하필 미니 행성인 지구에 우연히 생겨났다가 곧 멸종될 원숭이 종의 모습으로 나타나 결국 십자가에 못 박혀 죽는 것보다 나은 일을 계획하지 않았단 말인가? 참으로 어처구니없다. 그뿐인가! 보잘것없는 이 작은 행성에 사는 원숭이처럼 생긴 생명체에게 하루 다섯 번씩 아랍어 문구들을 암송하게 함으로써 자신에게 복종하도록 훈련시킨다. 기괴하기 짝이 없다. 우주를 창조했다는 조물주가 인간이 '안식일'이라고 부르는 특정 기간에 유모차를 끌고 다니는 일을 아주 마음에 거슬려 한다니……(유대교는 안식일 동안 모든 노동을 금지하는데, 심지어 유모차를 밀고 거리에 나가는 일도 금한다-옮긴이). 완전히 제정신이 아니다!

인간이라는 오명

　호모 데멘스가 단지 몸에 수북했던 털을 벗어던지고 디지털 손목시계를 찼다는 이유로 인간이 우주의 중심이라 착각한다는 점은 참으로 놀랍다. 동물을 대하는 인간의 자세를 보면 이러한 사실이 명확하게 드러난다. 인간은 동물과 비교했을 때 당연히 자신이 더 나은 존재라고 생각한다. 나아가 만물의 영장이라고 생각한다. 이미 모든 정황들이 미래의 시각에서는 우리 인간이 그저 네안데르탈인에 불과하다는 것을 입증해 주는 데도 말이다. 호모 데멘스는 자신을 동물과 구분 짓기 위해 강박적으로 노력하며 그 어떤 어리석은 짓도 망설이지 않는다. 하지만 인간은 많은 동물과 유전적으로 매우 흡사하며 기본적인 감정 역시 비슷하다.

인간과 가장 유사한 침팬지와 보노보, 고릴라와 오랑우탄이 자아의식을 가지고 있으며, 동족이 죽으면 슬퍼하고, 미래를 예측한다는 사실을 여기저기서 들어 봤을 것이다. 그렇다면 돼지가 거울 앞에서 자신을 인식하고 영장류와 같은 인지 능력을 갖추고 있다는 사실도 알고 있는가? 송아지를 잃은 암소가 눈물을 흘리고 외양간에서 우울증을 발전시킨다는 사실은? 닭이 모이의 품질에 대해 서로 의사소통하고, 병아리가 위기에 처한 사실을 인식하면 심장이 마구 뛴다는 사실은? 지구의 많은 동물이 인간과 비슷한 방식으로 즐거움과 고통, 기쁨과 슬픔, 희망과 절망을 느낀다.

인간의 진화 연속성이 다른 모든 생명체와 결합되어 있다는 사실을 깨닫는다면, 우리가 그저 "살아가는 여러 생명 중의 하나로 이 세상에 살고 있다."[9]는 사실을 인식한다면, 이러한 인식은 인간의 사고와 행동을 급격히 변화시킬 것이다. 또한 이는 인류 역사의 가장 위대한 혁명일 것이다.

하지만 호모 데멘스는 이를 허용하지 않는다. 매년 수백만의 동족을 기아 상태로 몰아넣는 호모 데멘스는 동물 역시 아둔하고 냉혹한 방식으로 대한다. 독일에서만 매년 약 400만 마리의 돼지가 도살된다는 사실에 비추어 보면, 똑똑하고 감수성 강한 동물인 돼지 한 마리당 1제곱미터에 불과한 생활공간을 허용한다는 점, 거세할 때 마취할 필요가 없다고 생각한다는 점, 도축업자에게 넘길 수 있을 정도로 성장할 때까지 인간의 감독하에 자행되는 학대를 견뎌 내도록 돼지에게 항생제와 함께 향정신제를 먹인다는 점은 그리 놀랄 만한 일도 아니다.

우리 인간은 자연 위에 존재하는 것이 아니라 그저 자연의 일부라는 사실을 온전히 인식하지 못한 채 지구를 자신에게 복종시킨다. 매년 인간의 미식 욕구를 충족시키기 위해 학대당하는 돼지와 암소, 양, 닭, 거위, 오리 수백만 마리뿐 아니라 연구 목적으로 고문당하거나 부당한 조건으로 동물원에 갇히는 동물 수백만 마리도 이런 현실을 그대로 보여 준다. 물론 갇히지 않고 자유롭게 사는 동물도 호모 데멘스의 미치광이 같은 억압에서 벗어나지는 못한다. 인간은 동물의 생존 공간을 점점 파괴하고, 나아가 스스로의 몰락을 가속화하는 토대를 다져 온 장본인이다.

세계자연보호기금WWF, World Wide Fund for Nature의 추정에 따르면 종의 다양성이 1970년과 2005년 사이에 27퍼센트 감소했다. 현시대 종의 멸종은 지질시대의 재앙, 이를테면 6,500만 년 전 공룡의 멸종과 동일 선상에서 비교 가능하다. 물론 지질시대와 차이는 있다. 지구 생명체 대부분을 멸종시키는 원인이 이번에는 운석의 추락이나 화산 폭발이 아니라는 점이다. 현시대의 원인은 바로 지구 생명체의 하나인 호모 데멘스다. 호모 데멘스는 지극히 어리석은 행동으로 자신과 다른 생명체를 파멸로 몰아넣지만, 자신이 삶의 무대에서 퇴장하리라고는 전혀 예상하지 못한다.

이처럼 인간은 스스로의 삶을 파멸로 이끄는 목적을 달성하기 위해 최근 수십 년 동안 주목할 만한 성과를 이루어 냈다. 이를테면 땅과 공기를 오염시키고, 바다에서 물고기를 지나치게 많이 포획하고, 숲의 나무를 과도하게 베어 냈다. 인간은 수백만 년에 걸쳐 생성된 자원을 100년 만에 고갈시켰고, 자원 고갈에 대한 대응책으로 과학기술을 발명했다. 그러나 이 과학기술이 오히려 지구 전역을 향후 수천 년 동안 살기에 적합하지 못한 곳으로 만들고 있다.

제인 폰다Jane Fonda는 호모 데멘스의 미련한 행태에 대해 아주 훌륭하게 콕 짚어 말한 바 있다. "우리는 마치 자동차 트렁크에 세상을 하나 더 가지고 있는 것처럼 이 세상을 다루고 있다."

내 이야기를 믿어 보길 바란다. 시설이 엉망인 헬스클럽이나 바보 같은 사람들이 이끄는 정당, 얼간이들이 이끄는 종교 단체에서 탈퇴하듯이, 호모 사피엔스 데멘스라는 클럽에서 탈퇴할 수 있지 않을까? 이미 오래전에 그렇게 했어야 했다. 하지만 잘 알고 있듯이 호모 사피엔스 데멘스에서 탈퇴하는 것은 살아 있는 동안에는 불가능하다. 우리는 태어나면서부터 저절로 이 클럽의 회원이 되며, 인간이라는 오명을 평생 간직하고 살아갈 수밖에 없다.

호모 사피엔스인가, 호모 데멘스인가

불평은 소용없는 짓이다. 우리는 푸념 대신 우리의 현 상황을 최선으로 만들고자 노력해야 한다. 어쨌든 인간은 생물학적 진화를 통해 삶에 유익한 소질을 부여받았다. 당신이 믿든 말든, 인간은 아주 영리하고 온순한 동물이 될 잠재력이 있다.[10] 호모 데멘스적 기질이 결코 한계점이 되지 않는다. 실제로 인간은 누구나 어리석고 광분하는 호모 데멘스와 영리하고 온순한 호모 사피엔스의 양면성을 모두 지니고 있다.

곤충의 왕국과 비교해 보자. 지속적으로 로열젤리를 먹은

꿀벌 유충이 여왕벌이 된다는 사실은 잘 알려져 있다 (보통 일벌들은 3기 유충 때까지만 로열젤리를 먹지만, 여왕벌이 될 벌은 지속적으로 로열젤리를 먹는다). 여왕벌은 호모 사피엔스의 은유로, 로열젤리는 인간 중에서 여왕벌처럼 예외적 모범을 발생시키는 특수한 조건을 상징한다고 보면 적당하다. 물론 이러한 비교 논리에는 한 가지 걸림돌이 있다. 매우 능률적인 일벌을 호모 데멘스와 비교하는 것이 부당하다는 점이다.

하지만 곤충의 왕국에도 호모 데멘스와 아주 유사한 존재가 있다. 바로 간디스토마에 감염돼 정신적 혼란에 빠진 개미다(대니얼 데넷Daniel C. Dennett은 종교 사상의 치명적 영향력을 구체적으로 설명하기 위해 이 같은 비유를 사용했다. 그러나 우리가 앞으로 계속 보게 되겠지만 호모 데멘스를 조종하는 뇌벌레는 단순히 종교적 양상만 띠지는 않는다). 생각하건대 만약 신이 존재한다면 간디스토마가 보이는 생명주기만으로도 그 수상한 '조물주'에게 지극히 기이한 유머 감각이 있다고 입증할 수 있다.

여러분이 직접 판단해 보라. 작은 간디스토마 유충이 달팽이의 점액(개미는 달팽이의 점액을 즐겨 먹는다)을 통해 개미의 몸에 침투한다. 대부분의 간디스토마 유충이 개미의 몸통에 편안하게 자리를 잡는 사이, 그중 한 유충이 개미의 신경중추로 침투해 개미의 행동을 변화시킨다. 즉 개미는 머릿속에 침투한 '뇌벌레'의 조종에 의해 무리를 떠나 풀잎 끝으로 기어 올라간 다음, 주둥이를 풀잎에 단단히 고정하고 매달린다. 이러한 개미의 자살적 행위의 목표는 염소나 양, 소, 돼지, 개, 토끼에게 잡아먹히는 것이다. 그래야만 간디스토마가 '약속의 땅', 즉 최종숙주인 간에 도달할 수 있기 때문이다. 간디스토마의 중간숙주, 즉 뇌벌레의 조종을 받는 개미는 당연히 낙오된다. '이데올로기 뇌벌레'에 감염된 인간에게서도 이와 유사한 행동이 관찰된다. 역사 속 수많은 전쟁을 떠올리면 쉽게 알 수 있다.

그렇다면 우리는 비유적으로 이렇게 자문할 수 있다. 우리를 호모 사피엔스로 만들어 주는 로열젤리는 무엇인가? 우리를 호모 데멘스로 퇴화시키는 뇌벌레로부터 어떻게 자신을 철저히 보호할 수 있을까? 호모 데멘스가 양적으로 우세한 탓에 호모 사피엔스와 로열젤리에 대한 인식보다는 호모 데멘스와 뇌벌레에 대한 인식이 훨씬 만연해 있다. 그러므로 호모 데멘스에 대한 조사를 시작하는 일은 의미 있다.

이제 뇌벌레의 이상한 나라 속으로 들어가 보자. 하지만 조심해야 한다! 탐험을 시작하자마자 모든 시대를 통틀어 가장 위험하고 저항력이 강한 뇌벌레와 마주치게 될 테니 말이다. 이 벌레는 이미 수천 년 전부터 인간으로 하여금 아주 이상한 짓을 행하고 믿게 하며, 유혈적 욕망을 느끼게 하고, 부모가 자기 자녀를 고문하도록 자극함은 물론, 젊은이들이 입가에 미소를 지으며 자살 테러를 자행하도록 혼란에 빠뜨려 왔다. 이 탐험이 어디서부터 시작될지 아마 당신은 예상하고 있을 것이다. 바로 지각을 마비시키는 성배다. 다시 말해 과대망상이 겸허함으로, 어리석음이 고상함으로 팔리는 곳, 호모 데멘스가 아주 무자비한 결의로 어리석음에 자신을 내맡기는 곳이다. 종교인의 이상한 세계에 온 것을 환영한다!

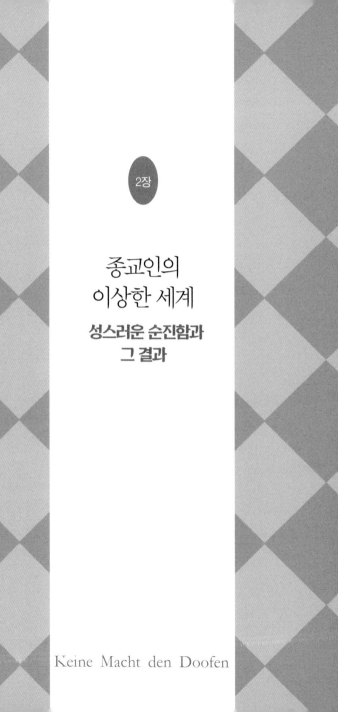

종교인의
이상한 세계

성스러운 순진함과
그 결과

Keine Macht den Doofen

호모 데멘스는 자신과 흡사한 형상의 신을 만들어 냈다. 그러니 신의 처지가 몹시 개탄스럽다는 점은 그리 놀랄 일이 아니다. 기독교의 표준《성서》만 보더라도 이를 확인할 수 있다. 모든 시대를 망라하여 가장 많이 인쇄된 책《성서》에는 신에 대한 다음과 같은 희한한 내용이 담겨 있다.

신이 수많은 별과 행성으로 이루어진 무한한 우주를 창조한 후, 원숭이 형상을 한 일부 지구 생명체의 행동에 매우 화가 나서 이 행성에 존재하는 거의 모든 생명체를 익사시키기 (노아의 홍수)로 결심했다. 하지만 이 끔찍한 생명 파괴만으로는 스스로 창조한 피조물과 다시 화해하기에 충분하지가 않았다. 이런 이유로 신은 시간이 지나면서 자신의 본질적 특성, 즉 인간에게는 흔히 '다중 인격 장애'로 진단되지만 전지전능한 존재에게는 친절하게도 '삼위일체'로 언급되는 특성을 발전시키게 되었을 것이다. 어쨌든 신은 이 삼위일체 상태에서 무모한 계획을 생각해 냈다. 삼위일체 중에서 성부는 여인을 임신시키기 위해 성령을 보내고, 그 결과 마침내 인간이 된 신으로서 성자가 탄생한다는 것. 이 미션의 목표는 성자가 잔혹하게 사형당하고 사흘 뒤 죽음에서 부활하는 것이었다. 왜 이런 목표를 세웠는가? 신은 이 같은 자기 처벌 행위(이는 정신의학에서 말하는 하나의 전형이다)를 통해서만 자신과 피조물을 다시 받아들일 수 있었기 때문이다.

삼위일체 신을 추종하는 이들은 오늘날에도 여전히 이 같은 고도의 정신병리학적 '구원 행위'를 기리며 제식을 벌인다. 이 제식의 중심에는 코코넛 마카롱의 밑바닥이 연상되는 작고 둥근 성찬식 빵이 있다. 이것이 제식 거행자(가톨릭 사제와 정교회 사제)의 주문에 기인하는지, '신의 은총'(루터파 성직자)에 기인하는지는 견해가 엇갈리지만, 어쨌든 평범하고 세속적인 빵이 의식이 거행되는 동안 정말로(그저 상징적인 것이 아니다!)[11] 수십억 배로 복제된 죽은 그리스도의 육신으로 바뀐다고 한다. 의식 중에 세속적인 빵이 성찬식 빵으로 변하면 신자들은 이 육신을 먹는데, 이는 예수 그리스도가 자신의 사도들에게 이 내용을 《성서》에 기록하도록 했기 때문이다. "내살을 먹고 내 피를 마시는 자는 영생을 가졌고, 마지막 날에 내가 그를 다시 살리리니. 내 살은 참된 양식이요, 내 피는 참된 음료로다. 내 살을 먹고 내 피를 마시는 자는 내 안에 거하고 나도 그의 안에 거하나니."[12] 그렇다면 맛있게 드시라! 그러나 이 식인 제식의 의미는(이미 취리히 출신의 종교개혁가 츠빙글리Ulrich Zwingli가 '식인 풍습'에 대해 언급했으며, 프로이트 역시 수백 년 뒤에 또다시 식인 행위를 거론했다) 그 제식 자체만큼이나 의심스럽다. 이른바 죄악과 악령에서 신자를 보호하여 세속적 죽음 이후 지옥에 떨어지지 않고 천국에 가도록 한다는 것이다.

할렐루야! 이런 황당한 이야기에 수백만의 사람이 목숨을 잃었다는 사실이 그토록 지성적이라는 인간에게 무엇을 말해 주는가? 기독교의 범죄사[13]나 기독교 교리의 명실상부한 광기에서 드러나듯 공식 통계에 따르면 22억 명에 이르는 사람이 이런 광기의 신 뇌벌레를 지니고 있다는 사실이 우리 인간에게 말해 주는 것은 무엇인가? 어린 시절부터 머릿속에 강제로 주입된 모든 사고 습관에서 벗어나도록 하라. 그러한 역사를 진지하게 믿는 사람이 과연 판단력 있는 사람이라고 생각하는가? 그런 사람을 정치인으로 선출하는 일이 의미 있다고 생각하는가? 그런 사람에게 거리낌 없이 당신의 자녀를 맡기겠는가?

시간을 두고 차분히 이 질문에 답해 보기 바란다. 이에 대해서는 다시 거론할 것이다. 여기서는 우선 호모 데멘스가 지난 몇 세기 동안 잘못 알아 온 다른 몇몇 '구원사'에 대해 살펴보려고 한다. 지면상의 이유로(호모 데멘스는 단번에 수천 종류의 신을 만들어 낼 정도로 자유로웠다), 기독교의 신과 가장 유사점이 많은 (영화 〈해리 포터Harry Potter〉에서 볼드모트 경의 이름을 부르는 것이 금기시되듯 함부로 그 이름을 불러서는 안 되는) 유대교의 야훼와 (하루에 다섯 번씩이나 신자의 입으로 그 이름이 칭송되는) 이슬람교의 알라에 집중하고자 한다.

유대교의 망상과 반유대주의적 광기

야훼(이후에 발생한 기독교와 이슬람교의 신은 야훼의 모방에 불과하다)는 '세상의 통치자'로서의 이력을 상당히 겸손히 시작했다(물론 이 사실은 공식 전기에서는 친절하게도 숨겨져 있다). 이집트의 파라오 람세스 3세 시대(기원전 12세기)에 'JHW'라는 약자가 트랜스요르단의 한 산맥 이름으로, 그리고 그 지방에 살던 베두인족이 숭배하는 산신의 이름으로 출현했다. 이 시대의 토기판을 보면 야훼가 유명한 황소신 엘티의 아들이라는 것을 알 수 있다. 황소신 엘은 '세상의 조물주'이자 명망 있는 신의 가문을 이끄는 훌륭한 수장이었다(부지런한 엘 신은 다산의 여신 아세라Aschera와의 사이에서만 70여 명의 신을 낳았다). 이 시절 야훼는 여러 신 가운데 하나의 신에 불과했다. 하지만 기원전 7세기에 요시야Josiah 왕이 소왕국 유다를 통치하면서 상황이 변하기 시작했다. 요시야 왕은 팔레스타인 유목민들을 정치적·문화적으로 단결시키려고 당시 예루살렘 도시의 신으로 승격한 야훼를 유대 민족의 유일신으로 선언했고, 수많은 대안적 우상숭배를 근절하는 데 총력을 기울였다. 오늘날 요시야 왕의 종교 정책이 얼마나 성공적이었는지 판단하기란 어렵다. 하지만 야훼가 그 후 수백 년 동안 신적 존재로서 높은 위치에 있었고, '선택받은 민족'의 유일신이 된 것만은 사실이다.

가혹한 경쟁을 거치고 유일신이 된 야훼에게는 한 가지 두드러진 특성이 있었다. 그것은 바로 굉장한 질투심이었다. 이같은 특성은 호모 데멘스에게서도 빈번하게 나타난다. 야훼가 얼마나 끔찍할 정도로 질투심이 강했는지는 유명한 십계명의 첫 구절만 봐도 알 수 있다. "나 이외의 다른 신을 섬기지 말라. …… 나 야훼, 너희의 하나님은 질투하는 하나님인즉 나를 미워하는 자의 죄를 갚되 아버지로부터 아들에게로 삼 사 대까지 이르게 하거니와……."[14]

이 같은 복수의 위협에도(신이 이런 약속의 이행을 요구한다면 지금 열 살이 된 내 아들뿐만 아니라 내 아들의 아들, 그 아들의 아들, 그 아들의 아들의 아들까지도 내가 이 책에 쓴 모독적인 글귀에 대해 속죄해야 할 것이다) 사람들은 그런대로 잘 살고 있다. 어쨌거나 야훼의 끔찍한 분노는 히브리어 《성서》에 인상 깊게 묘사되어 있다. 신성모독적인 동성애 행위가 벌어졌다는 이유로 야훼가 완전히 파괴해 버렸다는 도시, 소돔과 고모라를 떠올려 봐도 알 수 있지 않은가? 이런 소름끼치는 이야기는 당연히 호모 데멘스 같은 바보에게 강력한 인상을 심어 줬을 것이다. 그러므로 오늘날에도 여전히 세상 곳곳의 남성 동성애자들이 '남색자'라는 비방과 박해를 당하고 있다는 사실은 그리 놀랍지 않다.

기원전 6세기부터 2세기까지 이런 이질적인 저서를 집필한 히브리어《성서》저자들에 대해 그들이 속한 집단을 '선택받은 민족'이라고 양식화한 점, 그들이 믿는 신을 세상의 유일한 통치자로 선언한 점, 이러한 메시지를 뒷받침하려고 역사적으로 전혀 일어나지 않은 공상의 이야기(예를 들어 출애굽이나 예리코 정복)를 꾸며 낸 점 등을 들추며 비난하는 것은 아니다.[15] 자신들의 역사를 기괴하리만치 지나치게 확대하는 것은《성서》저자들만 저지르는 일이 아니다. 자신의 체면을 어느 정도 중시하는 민족이라면 모두 자만심으로 가득 찬 자국만의 전설과 '영광스러운 전투'에서 승리를 도운 자국 고유의 신이 있다. 아마 야훼가 오늘날 고대 이집트인과 그리스인, 로마인, 켈트인의 신처럼 잊혔다면(누가 아직도 아툼Atum이나 토트Thot, 호루스Horus, 이시스Isis, 아문Amun, 제우스Zeus, 디오니소스Dionysos, 판Pan, 포세이돈Poseidon, 아테네Athene, 헤라Hera, 유피테르Jupiter, 비너스Venus, 디아나Diana, 베스타Vesta, 테우타테스Teutates, 타라니스

Taranis, 에수스Esus, 오딘Odin, 토르Thor, 티르Tyr, 프리그Frigg와 같은 신을 믿겠는가?) 야훼 숭배가 두 갈래의 종교, 즉 기독교와 이슬람교를 배출하지는 않았을 것이다. 이 두 종교는 당시의 파괴적 광신주의에 힘입어 우연히도 세계종교로 발전할 수 있었다.

다른 많은 역사적 종교와 달리 유대교가 수 세기 동안 지속될 수 있었던 이유는 무엇보다도 기독교도와 이슬람교도가 유대인의 유산을 무참히 약탈한 뒤 스스로를 '유대인'과 구분 짓기 위해 온갖 노력을 기울였기 때문이다. 이 과정은 특히 기독교에서 현저하게 눈에 띈다. 《신약성서》에는 종말론적 유대교가 반유대적·기독교적 종교로 변하는 과정이 기록되어 있다. 이를테면 요한복음에는 유대인이 '아비 마귀'에서 생겨났다고 쓰여 있다.[16] 마태복음의 저자도 예수가 십자가에 못 박힐 때(근본적으로 이에 대한 책임은 '유대인'이 아닌 '로마인'에게 있다. 그러므로 원래는 '이탈리아인'이 '신을 죽이는 자'로서 역사에 남아야 했을 것이다) 유대인이 "그 피를 우리와 우리 자손에게 돌릴

지어다!"[17]라는 치명적인 자기 저주를 입에 담았다고 적고 있으며, 후에 모든 세대의 유대인 혐오주의자는 이러한 저주를 혐오의 근거로 내세웠다.

초기 기독교 황제들은 그러한 행위를 진즉에 받아들였다. 그들은 '타락한 범죄로 얼룩진' 유대 민족의 권리를 점점 제한했고, 유대교로 개종한 사람에게 사형을 선고해 자신의 통치 구역에 유대교가 널리 확산되는 일을 저지했다. 중세 기독교 시대에는 이러한 광기가 절정에 달했다. '신을 죽이는 자Deicide'인 유대교도들이 의식적으로 살인하고, 성찬식 빵을 더럽히고, 분수에 독을 타고, 페스트와 같은 질병을 퍼뜨리는 등의 임무를 수행한다고 주장하며 박해 행위에 박차를 가했다. 그러나 독실한 광신자인 호모 데멘스가 그 정도로 흡족해할 리 없었다. 종교개혁가 마르틴 루터는《유대인과 그들의 거짓말Von den Juden und ihren Lügen》이라는 자극적인 소책자에서 "타락하고 저주받은 이 민족"에게 무슨 짓을 해야 할지 물은 다음, "유대 회당이나 학교를 불태우고, 타지 않고 남은 것은 흙을 덮거나 뿌려서 아무도 그 재나 돌조각을 영원히 볼 수 없게 해야 한다."[18]고 제안했다.

1938년 11월 9일에서 10일로 넘어가는 수정의 밤 Kristallnacht(이날은 '루터의 생일'이다)에 종교개혁가 루터의 이 '충실한 제안'이 마침내 실행에 옮겨졌다. 이미 《나의 투쟁Mein Kampf》이라는 저서에서 자신의 신분이 호모 데멘스 얼간이임을 매우 인상적으로 입증한("나는 유대인을 막음으로써 그리스도의 과업을 위해 노력하고 있다. …… 그리스도가 시작했지만 끝내지 못한 임무를 내가 완성할 것이다."[19]) 히틀러는, '태초'부터 '세계 몰락'을 노리고 모세와 바울, 스피노자, 라살레, 로스차일드, 하이네, 마르크스, 레닌, 아인슈타인과 같은 여러 인물을 끌어들였다는 '세계 유대인World Jewry'의 존재를 진심으로 믿었다.[20]

히틀러의 앞잡이들은 잔인하고 냉혹하게 수백만에 이르는 유대인 남성과 여성, 아이들을 대량 학살했다. 이 심연처럼 깊은 아둔함, 나치의 잔학 행위를 불러일으킨 구역질 나는 호모 데멘스 뇌벌레의 강력한 어리석음. 이보다 역겨운 것이 또 있으랴.

홀로코스트 과정과 함께 일어난 교화적 분위기로 말미암아 기독교 내의 전통적 유대 혐오주의는 마침내 수그러들었다. 대신 이슬람 문화권에서 유대 혐오주의가 점점 위협적인 규모로 커졌다. 기원적으로는 이슬람이 기독교보다 유대교에 더 관용적이었는데도 말이다. 결국 유대인은(기독교인처럼) '딤미Dhimmi', 즉 보호 감독을 받는 자로 분류되었다. 딤미는 법적 제한을 받는 신분이었으며, 해당 세금을 내야만 이슬람 영토에 머물 수 있었다(딤미 세금을 내지 않고 동등한 권리를 얻고자 7세기 이후 근동 지역의 유대인이 대거 이슬람으로 개종했다. 이로 미루어 볼 때 오늘날 반유대주의적 광기를 열렬히 표명하는 많은 팔레스타인 사람들이 유대인의 혈통임을 추정해 볼 수 있다).

이슬람 영토에서 유대인의 대량 학살이 산발적으로 이루어지기는 했지만, 무슬림 사이에서는 수백 년 동안 기독교도의 전형적 유대 혐오주의가 널리 확산되지 않았다. 하지만 팔레스타인이 영국의 위임통치령이 된 동안(1922~1948년) 점점 많은 유대인이 이 지역에 정착함으로써 상황이 돌변했다.

1928년 이집트에서 조직된 무슬림형제단Muslim Brother hood은 식민정책과 '서방의 타락Western Decadence'뿐 아니라 유대인의 추방을 위해 투쟁했다. 무슬림형제단은 곧 팔레스타인에서 동맹 파트너를 찾았다. 팔레스타인에서는 1936년부터 1939년까지의 '아랍 혁명' 기간 동안 유대인을 겨냥한 수많은 암살이 자행되었다. 폭동의 주동자는 악명 높은 '예루살렘의 최고 지도자' 모하메드 아민 알 후세이니Mohammed Amin al-Husseini였다. 그는 1933년에 이미 나치 독일과 접촉해 '세계 유대인'에 대항하는 투쟁을 지원했다. 팔레스타인에서 폭동이 진압된 1941년 알 후세이니는 독일로 몸을 피했다. 그리고 히틀러의 전폭적인 지지를 받으며 무슬림의 머릿속에 반유대주의 뇌벌레를 이식하기 위한 온갖 짓을 자행했다.[21]

알 후세이니는 히틀러와 힘러Heinrich Himmler, 아이히만Karl Adolf Eichmann 같은 사람에게 유대인을 근절할 것을 반복적으로 요구하고, 나치 친위대 집단 지도자가 되어 나치의 잔악한 행위에 적극 가담했음에도 훗날 전쟁범죄자로 형을 선고받지 않은 일을 '고도의 외교 기술' 덕분이라 자부했다. 승리를 거머쥔 권력자들은 저명한 이슬람 성직자 알 후세이니를 결코 피고인석에 앉히려 하지 않았다. 알 후세이니는 그 뒤로도 30여 년 동안 호모 데멘스의 임무(오늘날까지 세계를 불안에 떨게 하는 '이슬람주의'라는 위험한 뇌질환을 확산시키는 일)에 헌신하다가 1974년 이집트에서 사망했다. 알 후세이니나 무슬림형제단의 창설자인 하산 알 반나Hassan al-Banna와 같이 정신이 온전치 못한 사람이 없었다면 지금 우리는 어떤 모습일까? 어쩌면 이미 오래전에 근동 지역에 평화가 찾아왔을지 모르며, '유대인'과 '무슬림'을 구분하는 일이 사실상 무의미해졌을지도 모른다.

성지를 얻기 위한 성스럽지 못한 투쟁

비극적이게도 이스라엘 정치는 이처럼 아슬아슬한 갈등 관계를 고착시키는 데 상당히 기여했다. 이스라엘이 '이스라엘 땅에 사는 사람들의 국가'가 아닌 '유대 민족의 국가'로 규정되었을 때부터 이미 근본적인 오류는 생겨났다. 수백 년 동안 이어져 왔고 홀로코스트에서 절정에 달한 유대인 박해 행위를 고려했을 때, '유대 민족'을 최우선에 둔다는 이스라엘의 결정이 이해되기도 하지만, 그렇더라도 이는 잘못된 시기에 나타난 잘못된 신호였다. 이런 식으로 비유대인 이스라엘 사람이 차별당했을 뿐만 아니라, 무슬림 사이에서도 선입견이 강화되었으며, 또 '유대 민족'을 확연히 구분할 수 있다는 치명적인 허구가 지속되었기 때문이다. 그러나 좀 더 자세히 들여다보면 '유대 민족'은 '기독교 민족'이나 '무슬림 민족'처럼 거의 존재하지 않는다는 사실을 알 수 있다.[22]

'성지'에서 강제 추방 당하고 흩어져 수백 년에 걸쳐 방랑하며 사는 디아스포라Diaspora라는 '유대 민족'의 역사적 이미지는 사실상 말도 안 되는 허구다. 이미 예수 시대에 유대인 대부분은 팔레스타인 밖에서 살았다. 과거 유대교는 지극히 선교적인 종교였고, 선교를 통해 유대교로 개종한 많은 사람이 유다왕국의 후손이 아니었기 때문에 '유대 민족들'(여기서 중유럽 및 동유럽 유대인과 이베리아 유대인, 근동 유대인, 남예멘 유대인, 에티오피아 유대인의 차이를 떠올릴 수 있다) 사이의 유사성이 매우 적은 것은 당연한 이치다. 간단히 말해 '유대인'은 민족이 아니라 다양한 출신의 사람들이 모인 집단이다. 이는 다른 '민족들'에게도 당연히 해당된다. 모든 이성에 반하여 '민족주의적'이라는 개념을 다루는 사람은 이미 이러한 사실만으로도 자신이 우매한 호모 데멘스 종에 속한다는 점을 드러낸다.

'기독교인'이라는 단어가 기독교 공동체에 속하는 사람을 지칭하듯, '유대인'이라는 개념을 유대 종교 공동체에 속한 사람으로 이해하는 것은 의미 있다. 그런데 실제로 세계의 많은 유대인이 종교적인 유대인 개념에서 벗어나 있다. 이스라엘만 보더라도 유대인의 약 44퍼센트가 비종교적이다. 다시 말해 이들은 옛 광기의 신 야훼에 대한 믿음을 포기한 사람들이다. 이러한 사실은 가짜 '유대인' 집단이 다른 대부분의 집단보다 호모 사피엔스 구성원을 많이 배출했다는 점을 증명해 주기는 하지만, 이스라엘 정치인을 지독한 곤경에 빠뜨린다. 말하자면 이스라엘 정치인은 많은 '유대 이스라엘인'이 근본적인 의미에서 볼 때 전혀 유대인이 아니라는 사실을 인정해야만 하는 것이다. 하지만 그렇게 되면 '유대 민족의 국가'라는 표현이 불합리하다는 점이 밝혀지고 만다. 이를 감추기 위해 이스라엘에서는 아이러니하게도 유대 종교를 단호히 거부하는 사람들 또한 '유대 종교의 구성원'으로 취급한다. 유대인 어머니를 둔 아이의 경우, 아이의 어머니가 유대교를 믿지 않는다면 어머니의 어머니가 유대인 혈통이면 되고, 어머니의 어머니가 유대교를 믿지 않는다면 그 어머니의 어머니의 어머니가 유대인 혈통이면 되며, 이런 식으로 계속 나아가 어머니의 혈통에서 최초의 여성이 실제로 야훼를 숭배했으면 충분히 '유대인'으로 분류될 수 있다.

이 같은 종교적 측면과 생물학적 측면의 조야한 혼합은 '뉘른베르크 인종법Nürnberger Rassengesetze'(뉘른베르크법Nürnberg Laws으로도 알려져 있는 이 법은 1935년 나치 독일에서 제정된 법으로, 유대인의 독일 시민권을 박탈하고 유대인과 독일인의 결혼과 성적 행위를 금하는 등의 내용을 담고 있으며, 수많은 유대인을 학살하는 법적 기반이 되었다-옮긴이)의 근간이 된 불쾌한 망상을 상기시킬 뿐 아니라 이스라엘 사회에서 수적으로 완전히 열세인 종, 즉 호모 데멘스 렐리기오수스Homo demens religiosus(광기의 종교적 인간)에게 이스라엘의 근대 민주주의를 넘겨주는 근거가 됐다. 이는 특히 종교 권력 단체에 의해 광범위하게 결정되는 이스라엘 민법에서 잘 드러난다. '유대 민족'이라는 허구를 유지하기 위해 이스라엘에는 민사혼民事婚이 존재하지 않는다. 즉 다양한 '종교 공동체' 구성원 간의 혼인이 사실상 불가능하다. 유대교의 성직자와 무슬림 성직자가 '종교가 다른 사람끼리의 결혼'을 엄격하게 거부하기 때문이다. 이는 이스라엘 사회에 매우 불리한 영향을 끼친다(유럽에서도 다른 종파 간의 결혼이 점점 증가했을 때 구교도와 신교도 사이의 갈등이 비로소 약화되었다).

몹시 단호했던 종교 비판가(스피노자나 마르크스, 프로이트, 아인슈타인만 봐도 알 수 있다)의 핏줄을 물려받은 '유대인'이 실제로 '자기' 국가에서 국가와 종교의 분리를 고착화하지 못했다는 점은 역사에서 참으로 개운치 못한 사실이다. 그 결과, 다른 모든 집단보다 많은 심리 치료사를 세상에 배출한 '유대인'은 안식일에 우산을 펼치는 일도 신성모독이 될까 두려워할 정도로 종교적으로 강한 트라우마가 있는 강박 장애자 무리에게 지배받고 있다(우산을 펴는 일이 왜 신성모독이 되는지 묻는다면 이렇게 대답할 수 있겠다. 누가 봐도 이상한 농담을 하고 싶은 뇌벌레가 그들의 귀에 대고 우산은 천막과 같은 것이므로 우산을 펴는 일은 안식일에 금지된 '건축 활동'을 하는 것과 같다고 속삭이기 때문이다).

최근 몇 세기 동안 안식일 규칙을 정확한 해석으로 기록해 놓은 수십만 페이지에 담긴 내용을 보면 우스꽝스럽게도 인간의 엄청난 비극적 광기가 증명된다. 유대 정교 내부에서 일어나는 논쟁들은, 심지어 최후의 만찬을 둘러싼 구교도와 신교도 사이의 바보 같은 논쟁('누가 또는 무엇이 식물성 재료로 만들어진 성찬식 빵을 예수의 육신으로 변화시켰는가? 성직자인가, 아니면 신의 은총인가?')을 능가한다. 시온주의자와 반시온주의를 지지하는 정통파 유대인 사이에서 격렬하게 벌어지는 기괴한 논쟁은 또 어떤가? 한번 생각해 보라. 한편의 소심한 겁쟁

이들은 국제법에 어긋나는 점령 지역에서의 이주 정책을 신이 '유대인'에게 그 땅을 약속했다는 헛소리 같은 논리로 칭송하고 있다. 다른 한편의 머리 빈 못난이들은 이스라엘 건국 그 자체를 용서할 수 없는 죄악이라고 여긴다. 인간이 아닌 메시아가 유대 국가를 세워야 한다고 생각하기 때문이다. 이런 이유로 그들은 지도상의 이스라엘을 수정하려고 총력을 기울이는 전자의 못난이들과 한통속이 된다.

초정통파 반시온주의자들이 이 사안을 얼마나 진지하게 다뤘는지는 2006년 이란 대통령 마무드 아마디네자드 Mahmoud Ahmadinejad가 '시온주의자의 음모'를 세상에 깨우쳐 주기 위해 각국 극우주의자들을 테헤란으로 불러들였던 악명 높은 '홀로코스트 회의'에서 입증됐다. 아마도 이 회의에서처럼 광기 넘치는 호모 데멘스가 다채롭게 모인 적은 없었을 것이다. 이슬람주의자, 민족주의자, 인종차별주의자, 네오나치, 큐클럭스클랜Ku Klux Klan(백인우월주의, 반유대주의, 인종차별, 반反 로마가톨릭교회, 기독교근본주의, 동성애 반대 등을 표방하는 미국의 극우 비밀결사 단체-옮긴이), 정통파 유대인의 반시온주의자, 이들은 모두 서로 다른 뇌벌레에 조종당하면서 공동의 광기 속에서 하나가 되는 국제 못난이들이다.

신의 국가 이란

　　마무드 아마디네자드가 이스라엘을 없애고 '시온주의자의
부정적 영향'으로부터 인류를 해방하려는 바보들의 앞잡이
가 된 것은 놀라운 일이 아니다. 그도 그럴 것이 마무드는 이
미 어린 시절부터 아버지를 통해 시아파의 온갖 기이한 신화
에 감염되었다. 이후 그는 아야톨라 루홀라 호메이니Ayatollah
Ruhollah Khomeini(이란의 시아파 종교 지도자. 1979년 이란혁명을 성
공시켜 시아파 성직자가 지배하는 오늘날의 이란을 만들었으며 '이맘'

칭호를 받았다-옮긴이)를 열렬히 추종하며 어리석은 종교 행위의 깊은 수렁에 빠져들게 된다. 특히 지금도 과거의 호메이니가 그랬듯 무신론자와 '모든 악의 원천'인 이스라엘에 대항할 '신성한 전쟁'의 필요성을 굳게 믿을 뿐 아니라 '이슬람의 황금 시대'를 이끌었다는 '숨은 12번째 이맘Imam' 무함마드 알 마디 Muhammad al-Mahdi의 대대적인 재림 또한 철석같이 믿고 있다.

869년 모하메드Mohammed의 직계 후손으로 태어나 941년(!)부터 '숨어 살고 있다'는 알 마디에 대한 믿음은 시아파 망상 체계의 핵심 요소다(정확히 말하면 여기서의 시아파 무슬림은 세계적으로 추종되고 수적으로도 압도적인 12인 시아파 혹은 이맘파를 지칭한다. 7인 시아파와 5인 시아파는 이미 그 이름에서 알 수 있듯이 전설에 둘러싸인 12번째 이맘을 믿지 않는다). 이 특수 뇌벌레는 특히 이라크와 파키스탄, 아프가니스탄, 레바논 사람들에게 엄습했는데, 이 전염병의 진원지는 이란이다. 이란 헌법 제5조에 따르면 족히 1,200세가 된 알 마디가 물라Mullah Mohammed Omar 정권의 공식적인 국가원수다! 혁명 주도자와 혁명수호위원회(이란의 강경 보수 세력이 장악한 최고 권력 기구로, 철저한 이슬람 성직자 및 법학자 12명으로 구성된다-옮긴이), 대통령은 헌법에 따라 이만Imans의 위임을 받아 이맘의 재림 전까지 국가를 지배하는 대리인 역할만 수행할 뿐이다. 아마디네자드와 그의 동지들은 알 마디가 '지금 바로'(이 말은 2007년부터 나왔다) 잠카란 회교 사원의 마른 우물에서 기어 나와 세계 통치권을 넘겨받고 알라의 축복으로 전 인류를 고통에서 구원할 것이라 굳게 믿는다. 아마디네자드는 심지어 국제연합총회 연설에서도 당당히 밝힐 정도로 이 같은 망상을 맹신하고 있다. 그는 2006년 총회 연설 당시 '세계 중대 문제 해결을 위한 모색 방안'을 발표하면서 맨 마지막에 마이크에 대고 이렇게 속삭였다. "오, 전지전능한 분이시여, 모든 남성과 여성은 당신의 피조물이며 당신은 그들을 이끌고 구원하셨습니다. 정의를 갈망하는 인류에게 당신이 약속하신 완벽한 인간(알 마디)을 선사하시고, 우리가 그의 추종자가 되도록, 그의 재림과 임무를 위해 노력하는 사람이 되도록 하소서."[23]

총회에 모인 국가 원수들은 아마디네자드 이란 대통령의 연설이 끝난 후 할 말을 잃었는데, 그 자신은 이 침묵을 연설의 막대한 힘과 숨은 이만이 지닌 권력의 결과로 받아들였다. 하지만 대부분의 국가 원수는 (알 마디 신화를 알지 못했기 때문에) 그저 당황했거나 (알 마디 신화를 알고 있는 사람들은) 이런 헛소리를 하는 묵시록적 못난이가 당장 사용 가능한 대량 살상 무기를 소유하고 있을지도 모른다는 생각에 경악했을 뿐이다. 실제로 아마디네자드가 그토록 열망하는 알 마디의 재림을 재촉하고자 대량 살상 무기 투입을 진지하게 고려하지 않을까 염려된다.

수니파와 시아파 사이의 유산 다툼

아마디네자드와 같은 이맘 시아파와 달리 세계적으로 무슬림의 대부분을 차지하는 수니파는 숨은 12번째 이맘에 대한 믿음을 완전한 허튼소리로 간주한다. 수니파의 이러한 판단은 의심할 여지없이 이성적으로 올바르다. 그렇다고 수니파 이슬람이 시아파 이슬람보다 어떤 식으로든 더 합리적이라는 말은 아니다. 이슬람 공동체의 불화를 주도했던 사건들은 오늘날 지구 상에서 두 번째로 규모가 큰 종교인 이슬람교에 대해 많은 것을 보여 주고 있다. 수니파와 시아파의 분리는 호모 데멘스 특유의 나쁜 버릇인 유산 다툼에서 생겨났다. 사랑하는 후손들이 자신의 유산을 둘러싸고 냉혹하게 싸운다면 어떤 인간도 눈을 편히 감지 못할 것이지만 말이다.

모하메드의 죽음 이후에도 마찬가지였다. 화해할 수 없는 두 개의 진영이 곧바로 형성되었다. 한편에는 예언자 모하메드가 첫 번째 혼인에서 얻은 딸인 파티마Fatima가 있었는데, 그녀는 자신의 남편 알리 탈리브Ali Talib(모하메드의 사위)를 무슬림의 합법적 지도자로 보았다. 다른 편에는 모하메드의 아내 중 가장 어렸던 아이샤Aischa가 자리 잡고 있다. 아이샤는 여섯 살이라는 어린 나이에 모하메드와 결혼한 뒤 아버지 아부 바크르Abu Bakr(모하메드의 장인)가 통치 역할을 넘겨받아야 한다고 집요하게 요구했다. 딸·사위와 아내·장인 사이에 불화가 생기면서 가족 내부의 싸움은 치열해졌고(모하메드의 딸 파티마는 모하메드의 장인 아부 바크르의 기습 공격을 받고 죽었다), 얼마 후 수만 명의 목숨을 잃게 한 추악한 군사 전쟁으로 확대되었다.

터무니없게도 수니파와 시아파는 모하메드의 죽음 뒤에 벌어진 가족 간의 혈투에서 어느 편에 섰느냐에 따라 구분되어 오늘날에 이른다. 수니파는 아이샤와 아부 바크르와 연대하고, 시아파는 파티마와 알리 탈리브와 연대했다. 이에 따라 수니파는 최초의 칼리파Khaliifa('후계자'라는 뜻의 아랍어로 모하메드 사후 이슬람 공동체의 최고 지도자를 말한다-옮긴이) 아부 바크르에서부터 우마이야Umayya와 아바스Abbasids 왕조, 오스만 Osman 왕조의 칼리파에 이르는 칼리파의 지위를 내세우고, 시아파는 최초의 이맘인 알리에서부터 그의 아들들(모하메드의 손자)을 거쳐 (아마디네자드가 유엔총회에서 그토록 열렬히 재림하기를 기원한) 숨은 12번째 이맘에 이르는 이맘의 지위를 내세운다. 믿기 어려운 일이지만 실제로 모하메드 집안의 불화는 수 세기에 걸쳐 수니파와 시아파 간의 유혈 전쟁을 초래했으며, 이 전쟁에서 수적으로 열세인 시아파가 많은 해를 입었다. 오늘날까지도 시아파는 수니파 나라 곳곳에서 억압당하고 있는데, 이슬람의 주요 성지 순례지(메카와 메디나)가 있으며 많은 무슬림에게 법과 질서의 훌륭한 본보기로 통하는 사우디아라비아에서 특히 그러하다.

이것이 무엇을 의미하는지는 모범적 이슬람 국가인 사우디아라비아를 조금만 들여다봐도 쉽게 알 수 있다. 수니파 이슬람은〔살라피즘Salafism을 추구하는 보수적 특성을 가졌다. 살라피주의자들은 이슬람 원전인 《코란》과 수나(모하메드의 행동과 발언이 전승되어 온 것)에 입각하여, 근대주의적 해석을 날조된 것이라 간주한다. 그들은 근본주의적 종교관을 근거로 지극히 엄격한 관습 규범에 따른다〕[24] 사우디아라비아의 국교이며, 이슬람의 '신법神法'인 샤리아Scharia는 사법권의 토대다. 이에 따라 이혼이나 동성애, 음주, 유일하게 참된 수니파 종교에 대한 배교 행위와 같은 '불법행위'는 처벌을 받는다. 엄격한 도덕 법규 보장이라는 특별한 목적을 위해 창설된 '덕을 장려하고 부도덕을 타파하는 위원회'가 매일 종교 경찰을 길거리로 내보내 여성들이 정숙하게 옷을 입었는지, 남성 후견인(아버지나 오빠, 삼촌, 나중에는 남편)에게 오점이 될 일을 하진 않았는지 면밀히 감시한다. 종교 경찰이 맹목적인 임무 수행자라는 점은 2002년 3월 메카의 학교에서 불이 났을 때 몸을 제대로 가리지 않았다는 이유로 절망에 빠진 여학생들을 화염 속에서 빠져나오지 못하도록 단호하게 막았던 사실에서 잘 나타난다.[25]

광기의 수라

사우디아라비아든 이란이든 도덕 감시자의 광기에 한해서는 급진 수니파와 급진 시아파를 거의 구분하기 어렵다. 이것이 그리 놀랍지 않은 이유는 두 광기 체제 모두 탁한 샘물인 《코란》에서 우러나온 것이기 때문이다. 페르시아의 위대한 의사이자 작가였고, 짧았던 초기 이슬람 계몽 시대(9세기에서 10세기까지)에 진정한 대가로 통했던 알 라지al-Razi(라제스Rhazes)는 이슬람의 근본이 되는 《코란》을 "부조리하고 앞뒤가 맞지 않는 우화를 기이하게 뒤섞어 놓은 것"[26]이라 간주했다. 실제로 114개 장과 6,236개 절로 이루어진 《코란》은 이상하리만큼 뒤죽박죽이며, 심지어 어떤 구절은 마치 정신병자가 기록한 것 같은 인상을 준다. 연대나 내용이 아니라 길이에 따라 배열된(참으로 독특한 배열 구상이다!) 몇몇 장은 느닷없이 한 주제에서 다른 주제로 바뀐다. 그런데 오직 한 가지만 신물 나고 당혹스러울 정도로 각 절마다 지속적으로 등장한다. 그것은 바로 중증 경계성 인격 장애Borderline Personality Disorder(자아상, 정서, 대인 관계가 매우 불안정하고 충동적이며 기복이 심한 인격 장애-옮긴이)를 상기시키는 흑백논리적 묘사, 이를테면 선과 악, 천국과 지옥, 신자와 무신론자, 신과 악마, 무한한 자비와 영원한 저주 등과 같은 이분법이다.

아이러니하게도 이슬람교에 따르면 이 혼란스러운 텍스트의 저작권은 《코란》의 원본을 '천국에'(그곳이 어디든지-초기 무슬림은 무한한 우주에 대해 아무것도 몰랐다) 두었다고 하는 알라신에게 있다. 이슬람교에서 말하기를, 알라는 무한한 자비를 베풀어 속세의 피조물에게 《코란》 원문을 표명하려 했다고 한다. 그런데 이렇게 하기 위해서라면 당연히 직접적인 방법도 있었을 것이다. 이를테면 전지전능한 존재인 신이 자신의 메시지를 우레 같은 목소리로 세상에 알리거나, 지워지지 않는 활자로 카바 신전에 새겨 놓을 수도 있었을 것이다. 그런데 알라는 이해할 수 없게도(무슬림의 알라는 유대교의 야훼나 기독교의 삼위일체 성부·성자·성령처럼 능력이 떨어지는 홍보 담당자를 옆에 두고 있었음이 분명하다) 천국에 있는 원본의 복사본을 모하메드라는 이름을 가진, 610년에 일종의 '중년의 위기'를 겪고 히라 산의 외진 곳으로 숨은 40세 남자에게 내주기 위해 천사 지브릴(가브리엘)을 보내는 방법을 택했다. 지브릴은 잠자는 모하메드에게 계시했는데(이성을 가진 사람이라면 누구든지 의아하게 여길 이 부분을 우리의 예언자 모하메드는 전혀 의심하지 않았다), 계시를 받은 모하메드는 자신이 '신의 외교사절'임을 확신하고 산에서 내려와 첫 추종자들을 모았다.

메카 초기에는 모하메드의 지도권이 상당히 약했으며, 모하메드는 자신을 새로운 종교의 창시자가 아니라 '종교적 경고자'라고 생각했다. 하지만 첫째 아내 카디자Khadija가 죽은 뒤로(619년) '정신병적 발작 증세'[모하메드는 살아 있을 때부터 미쳤거나 광기에 사로잡혔다는 비난을 받았다. 메카에서 가장 부유했던 상인 왈리드 이븐 알 무기라Walid Ibn al-Mugira가 모하메드의 치료를 위해 노련한 의사에게 비용을 지불하려 했을 정도다.《코란》에서 이를 항상 언급하는 데는 다 이유가 있다. 이를테면 수라 52장 29절에는 이렇게 적혀 있다. "(믿음이 없는 자들이 주장하는 것처럼) 너는 네 주인의 은총으로 예언가도, 미친 자도 아니다." 유감스럽게도 몇 안 되는 학자만이 용기 있게 예언가 모하메드의 정신 상태에 대한 문제를 거론했다. 아민 게우스Armin Geus의 저서《예언가의 병Die Krankheit des Propheten》(Marburg, 2011)이 그 단적인 예다]가 눈에 띌 정도로 현저히 심해졌다. 모하메드는 자신이 지브릴과 함께 사다리를 타고 카바에서 천상까지 올라갔다고 보고했고, 또 말과 비슷한 형태인, 사람 얼굴을 가진 날개 달린 흰 동물인 알 부라크al-Buraq를 타고 예루살렘으로 날아가 그곳에서 아브라함과 모세, 예수와 함께 기도했다고도 했다. 또 천상으로 가던 중 전지전능한 신을 만났으며, 모세의 도움으로 알라의 최초 계명을 하루 만에(!) 50개의 기도문에서 5개로 줄일 수 있었다고 했다(천상의 분위기는 확실히 근동 지역의 바자Bazaar 시장과 비슷한 것 같다. 기도문 흥정에서 모하메드가 실력을 발휘했음은 틀림없다. 만약 그가 그렇게 하지 못했다면 오늘날 무슬림은 기도문에서 전혀 헤어나지 못했을 것이다).

'천상'에서 결정적 체험을 한 뒤 모하메드는 메카에서 메디나로 거처를 옮기고, 그곳에서 단시간 내에 전투력이 강한 군대를 조직한다. 이와 함께 예언자 모하메드는 대량 처형에도 꿈쩍 않는 광신적 전사의 특성을 점점 다지게 된다. 630년 모하메드의 추종 세력은 메카를 점유할 정도로 크게 성장한다. 632년 모하메드가 죽을 때 이미 전 아랍 반도가 이슬람 지배하에 있었으며, 120년 뒤, 그러니까 무수한 강탈과 정복 전쟁으로 수많은 목숨을 앗아간 뒤(보통 이 과정을 점잖게 '이슬람 팽창'이라고 말한다) 무슬림 제국은 스페인에서 인도까지 확장되었다.

종교적 어리석음 신드롬

이쯤에서 종교 연구는 그만하도록 하자. 지금까지 우리는 호모 데멘스가 수백 년 동안 착각해 온 무수한 종교적 구원의 역사 중 세 가지를 간략히 살펴보았다. 이 과정에서 이 세 역사 모두가 비판적인 재조사를 (내가 바라는 것처럼) 조금도 버텨 낼 수 없다는 사실이 명확해졌다. 실제로 유대교와 기독교, 이슬람교(힌두교나 티베트 불교의 특별한 광기에 대해서는 이 책에서 다루지 않을 것이다)의 기본 토대가 되는 신화는 노골적인 동정심을 불러일으킬 만큼 지극히 어리석다. 그리고 이러한 특성만으로도 호모 데멘스를 호모 사피엔스라고 말하는 것이 얼마나 잘못되었는지를 알 수 있다. 그럼에도 전 세계 수십억 명의 인간이 여전히 이처럼 터무니없는 이야기를 맹신한다. 그리고 이는 당연한 결과를 낳는다. 날마다 뉴스를 통해 흘러나오는 수많은 보도 중 몇 가지 전형적인 사례만 추리더라도 충분히 그 광기의 결과를 눈앞에 똑똑히 보여 줄 수 있다.

보도 1 예루살렘에서 관광객이 휴대전화를 사용하면 안 되는 시간에 사용했다는 이유로 초정통파 유대인이 돌을 집어던졌다. (다른 사건과 비교했을 때 이 사건은 비교적 가벼운 편이다. 이 사건의 근거는 명확하다. 즉 독실한 유대인은 전기를 일종의 '불'이라고 믿는데, 그들이 믿는 거만한 신의 거만한 계명에 따르면 안식일에 불을 피우는 것이 금지되어 있다는 것이다.)

보도 2 가톨릭교회는 '사탄의 위협'에 대항하기 위해 매년 퇴마사를 양성한다. (저명한 '성인'의 시신 일부만으로도 충분히 퇴마 의식을 행한다. 내가 이 글을 쓰는 지금, 서거한 교황 요한 바오로 2세의 피가 멕시코의 마약 전쟁을 종식시킨다는 공식적 임무를 떠안고 멕시코 지역 교구에 다다르고 있다. 이는 농담이 아니라 바티칸 라디오의 실제 보도 내용이다.[27] 도대체 이런 보도에 어떤 코멘트를 해야 할까? 카를하인츠 데슈너Karlheinz Deschner의 말을 빌려 보자면 "지붕이 많이 파손될수록 하늘 전망은 더 아름다워진다.")

보도 3 케냐와 나이지리아의 기독교 복음주의자들이 자신의 자녀가 부모를 '마녀'라고 생각한다는 이유로 자녀를 쫓아내고 고문하고 죽이고 있다. (우리 시대의 호모 데멘스 현상 가운데 가장 최악의 만행 중 하나가 아프리카 대륙에서 대략 10년 전부터 서방 목사의 영향과 "너는 마녀를 살려 두지 말지어다!"라는 《성서》 구절에 따라 벌어지고 있는 새로운 마녀사냥이다. 이로 말미암아 이미 수천 명에 이르는 아이들이 희생되었다.)

보도 4 팔레스타인 여성이 자신의 아들이 어릴 때부터 폭탄 테러범이라는 명예로운 삶을 살 수 있도록 미리 준비시키고 있음을 매우 자랑스럽게 보고하고 있다. (이 젊은 엄마들이 자신의 아이를 사랑하지 않는다고 생각하지 마라. 오히려 그 반대다. 그녀들도 다른 모든 훌륭한 어머니처럼 '자신의 아이를 위해 최선의 것만을' 원한다. 순교자의 죽음에 대한 알라의 보답보다 더 나은 무언가가 있다는 것을 생각하지 못할 뿐이다.)

이처럼 일상에 깃든 맹신적 광기는 매체를 통해 '종교'라는 개념으로 고쳐 보도된다. 하지만 종교적 맥락에서 이루어진 위업(음악과 조형예술, 건축 분야의 훌륭한 작품을 생각해 보라)을, 정신을 몽롱하게 만드는 견딜 수 없이 어리석은 짓과 똑같이 취급하는 것이 정당한가? 우리는 정말로 세계 종교의 위대한 신비주의자(선불교도, 아드바이타Advaita 힌두교도, 이슬람 수피Sufi, 마이스터 에크하르트Meister Eckhart와 같은 기독교 신비주의자)를, 시대에 뒤진 텍스트로 우리의 현재와 미래를 규정하려는 어리석은 이들과 동일시해야 할까? 아니다! 우리는 세상 전체와의 신비주의적 융합[28]과, 정신 나간 교리로 뇌의 모든 자제력을 상실한 경우를 구별해야 한다. 종교적 감수성은 종교적 어리석음과 완전히 다르다. 비록 종교적 감수성이 종교적 어리석음과 자주 결부되고 있지만 말이다.

'종교적 어리석음'이라는 개념은 모독적으로 들릴 수 있겠지만, 다른 어떤 대안 개념보다 우리 시대의 핵심 문제 일부를 적절히 묘사해 준다. 소위 어리석은 종교인이 우리 지구에서 우두머리로 있는 한(안타깝게도 이 세상의 많은 곳에서 그들이 주도권을 장악하고 있다) 인간의 공존을 보다 합리적이고, 자유롭고, 올바르게 형성하려는 모든 시도는 결국 좌절될 수밖에 없다(2011년 굶주리는 소말리아 주민을 위한 국제 원조가 절실히 필요했음에도 이를 허용하지 않았던 이슬람 극단주의자를 떠올려 보라).

이 같은 현상적 속성을 토대로 종교적 어리석음 신드롬을 짧게 정의해 보면, 종교적 어리석음이란 (빈번히 출현함에도) 거의 진단할 수 없는, 그리고 특히 아동기에 집중적인 종교 교화로 인해 발발하는 정신장애다. 이 장애는 종교적으로 중대한 사안이 다루어지는 즉시 어김없이 평균 이하의 인지능력과 적절하지 못한 정서 반응으로 이어진다[치명적인 '캐리커처 논쟁'을 떠올려 보라. (악의라곤 전혀 없었던) 모하메드 캐리커처 12개가 덴마크 일간지 질란드스 포스텐JyllandsPosten에 실린 연유로 2006년 2월에만 139명이 죽었고 823명이 부상당했다]. 주목할 점은 종교적 어리석음이 지능지수와는 아무 상관이 없다는 것이다. 어리석은 종교인은 자신의 종교가 명백히 부조리함에도 이를 인식할 수 없을 정도로 세계관 면에서 매우 큰 장애가 있지만 기술이나 전략 면에서는(오사마 빈 라덴을 보라) 매우 지능적일 수 있다. '특정 분야에 대한 천재적 재능'(지적 장애나 자폐증이 있는 사람에게 보이는 뛰어난 수학적·예술적 재능)이 있는 것처럼, 분명히 '특정 분야에 대한 지능 장애'(보통 또는 고도의 지능을 가진 사람이 세계관 면에서는 더없이 어리석은 경우)도 있을 것이다. 그러므로 종교적 어리석음은 '부분 발달 장애'로 간주되어야 마땅하다. 부분 발달 장애라는 개념은 이미 몇 년 전에 발달 심리학자 프란츠 버글Franz Buggle이 종교 근본주의자 특유의 사고 단절 현상을 조사하면서 제안한 개념이다.[29]

서유럽에서는 세계적 차원의 종교적 어리석음을 제대로 진단하기 어렵다. 같은 위도에 존재하는 신자 대부분이 오래전부터 자신들의 종교를 더 이상 진지하게 받아들이지 않고 있기 때문이다. 아직도 그들 대부분은 어느 정도 독실하게 들리는 '종교 방언'을 사용하고 있지만 그 의미는 이미 오래전부터 옛날 그대로가 아니다(이는 직업 종교인에게도 해당된다. '해석학적 《성서》 주석'은 종교의 전통적 진리를 정신 나간 것처럼 보이지 않게 하고자 새롭게 해석하는 시도를 말한다. 이런 방식으로 유럽의 많은 신학자들이 내용상으로는 이미 오래전에 전통적 기반을 버렸지만, 수사학적으로는 여전히 그 전통과 접촉을 유지한다). 실제로 유럽 '기독교도' 대부분은 공식적으로 자신들이 도대체 무엇을 믿어야 하는지조차 모른다. 그저 좀비 영화를 보며 '죽은 자의 부활'을 알게 되고, '최후의 심판'에 대해서는 텔레비전 요리 방송에 나오는 스타 요리사 요한 라퍼Johann Lafer가 소개한 최신 요리 정도로 생각할 뿐이다('최후의 심판'을 뜻하는 독일어는 'das jungste Gericht'이다. 'jungst'는 '최근의'라는 의미이며, 'Gericht'

는 '재판, 심판' 외에 두 번째 의미로 '음식, 요리'라는 뜻이 있다. 그러므로 '최후의 심판'이라는 독일어는 '최신 요리'라는 의미로도 이해될 수 있다-옮긴이).

잔인하고 광폭했던 과거 유럽 기독교가 민속적 특성을 띠는 무해한 유사종교로 탈바꿈한 것은 지극히 만족스러운 발전이다. 하지만 유럽의 피상적인 '시골풍 종교적 시각'에서 세계정세를 판단하지 않도록 조심해야 한다. 진정한 종교적 어리석음이 무엇을 의미하는지는 사우디아라비아와 이란, 나이지리아, 소말리아뿐만 아니라 미국에서도 나타난다. 미국의 복음주의자들이 말하는 '부활', '창조', '천국', '지옥', '신', '악마'는 결코 구속력 없는 은유가 아니다. 그들에게 있어 이 말들은 정말로 말 그대로를 의미한다. 실제로 그들은 고대 바빌로니아 인이 최초의 맥주를 양조했듯이 신 역시 세상을 창조했다고 믿는다. 더욱이 수백만의 미국 시민은 (요한계시록에 따라) 선과 악, 신과 악마 간 최후의 결투가 종결되는 '종말의 시대'에 살고 있다고 확신한다.

최근 수십 년 동안 묵시록적 바보들의 수는 모든 종교를 통틀어 증가했다. 나아가 초기 시대 신의 전사들은 꿈도 꾸지 못했던 기술적 가능성까지 사용할 수 있게 된 지금, 어리석은 종교인의 영향력을 제어할 수 있는지 여부가 인류의 운명을 좌우할 거대 문제 중 하나가 되었다(그들의 영향력을 결코 완전히 없앨 수는 없을 것이다). 물론 더 나은 미래로 나아가기 위해 우리가 해결해야 하는 문제는 종교적 어리석음만이 아니다. 어리석은 종교적 뇌벌레가 이미 오래전부터 비종교적인 분야와 경쟁을 벌이고 있기 때문이다.

말하자면 이제 더 이상 인간은 삶을 지옥으로 만드는 데 있어 반드시 신의 힘을 빌려야 할 필요가 없다. 호모 데멘스의 새로운 광기 체제는 신앙적 위선 없이도 생겨나며 이 역시 상당히 치명적이다. 이제 어리석은 종교인의 이상한 세계를 떠나 바보스러운 국제 경제 민주주의의 통상적인 광기 속으로 들어가 보자.

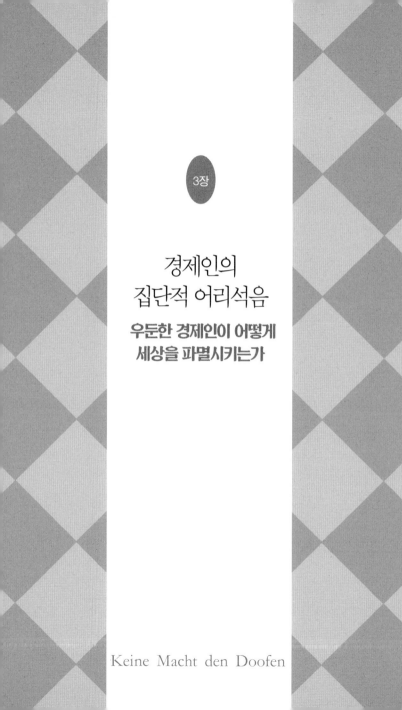

3장

경제인의
집단적 어리석음

우둔한 경제인이 어떻게
세상을 파멸시키는가

Keine Macht den Doofen

여러분이 이런 오래된 농담을 들어 봤는지 모르겠다. 두 행성이 우주에서 만난다. 한 행성이 헐떡거리며 말한다. "이런, 내 상태가 아주 안 좋군! 아무래도 호모 사피엔스가 생긴 것 같아!" 다른 행성이 말한다. "세상에, 그것 참 안됐군! 나도 예전에 호모 사피엔스를 앓았지. 하지만 걱정하지 말게. 금방 사라질 거야!" 이 농담 내용은 대부분 사실이다. 다만 병명이 틀렸을 뿐이다. 병에 걸린 행성은 호모 사피엔스가 아니라 호모 데멘스 때문에 고생하는 것이다. 이 차이는 엄청나다. 지구와 같은 행성이 70억 명의 현명한 인간을 아무 문제 없이 극복할 수 있을지는 몰라도, 70억 명의 바보를 극복할 수는 없을 것이다.

최근 수십 년 동안 세계 인구가 얼마나 급속도로 증가했는지 숫자로 설명해 보면, 2000년 전에는 약 3억 명의 인간이 지구 상에 살았고, 한 세기 반이 지난 1500년에는 5억 명이, 1800년경에는 약 10억 명이 살았다. 그 후 20세기에 들어(파멸적인 세계대전이 벌어졌음에도) 증가세는 더욱 빨라졌다. 1927년에는 이미 20억 명에 달했고, 1960년에는 30억 명, 1974년에는 40억 명, 1987년에는 50억 명, 1999년에는 60억 명이 되었다. 이제는 70억 명의 한계선을 뚫었으며, 2025년에는 80억 명이라는 기록을 세울 것이다.

인구가 늘어날수록 더 큰 문제가 생긴다는 것은 누구나 다 아는 진부한 사실이다. 하지만 전 세계적 문제를 야기하는 근본 원인은 인간의 생물량이 증가한 데 있는 것이 아니라 인간의 뇌가 너무 적게 사용된 데에 있다. 다시 말해 인간은 개체 수를 감당하지 못할 만큼 너무 어리석다. 어떤 생태적 적소 Ecological Niche(안정된 생태계에서 각 생물 종이 위치하는 독립적 지위를 말하며, 종이 군락 내에서 행하는 생태적 역할뿐 아니라 공간적 범위까지 포함한다-옮긴이)라도 일정량의 어리석음만을 견뎌 낼 수 있을 뿐이다. 그런데 인간은 이러한 측면에서 도를 넘어서고 있다.

우리가 이미 유발한 재앙을 고려해 볼 때 개미와 인간 중 과연 어느 쪽이 더 똑똑한 생명체인지 자문해 보라. 개미의 생물량은 인간의 생물량보다 4배 정도 더 많다(개미의 개체 수가 훨씬 많을 뿐 아니라 개체를 합친 총 무게 역시 더 많이 나간다). 그러나 무수히 많은 개미가 세계 챔피언처럼 매일 생산하고 소비해도 개미의 세계에는 인구과잉이나 쓰레기 문제가 없다. 추측하건대 개미는 인간보다 더 똑똑하게 경제생활을 하는 것이 분명하다. 그렇다면 그 이유는 무엇일까? 개미의 확실한 생태적·경제적 지혜의 근거는 어디에 있으며, 인간의 명명백

백한 어리석음의 근거는 어디에 있는가? 우리 인간이 개체로서 개미보다 훨씬 덜 영리한 것일까?

당연히 우리 인간은 개미보다 덜 똑똑하다! 개체로서는 인간이 개미를 압도적으로 능가할지 모르겠지만 집단 차원에서는 개미가 훨씬 더 뛰어나다. 개미의 특성은 집단 지성에, 인간의 특성은 집단 어리석음에 있기 때문이다. 개미가 개체적 한계로부터 집단 지성을 창출한다면 인간의 경우 완전히 반대되는 현상이 나타난다. 즉 개체적 지성으로부터 집단적 한계가 발생하는 것이다. 인간은 함께 뭉치면 본질적으로 어리석어진다! 이것은 우리 인간의 특수성이다. 인간은 뛰어난 영민함으로 개체의 합리성을 집단 광기의 토대로 만드는 시스템을 구축했다. 이 같은 집단 광기는 실제로 숨 막힐 정도로 어리석은 결정도 시스템 내에서 '지혜롭고' 심지어 '이성적'이라 간주되도록 만든다.

쓰고 버리는 일회용 소비사회Disposable Society는 이를 보여주는 더할 나위 없이 적합한 예다. 일회용 사회는 완전히 비상

식적인 결과를 가져옴에도 불구하고 소위 합리적인 경제 전략, 이른바 계획적 진부화Planned Obsolescence(구품종을 계획적으로 진부화하기 위한 기업행동-옮긴이)에 근거를 두고 있다. 여러분은 아마 계획적 진부화라는 말을 아직 들어 본 적이 없더라도(나는 '계획적 진부화'라는 말을 2011년 2월 아르떼ARTE TV의 다큐멘터리 영화 〈쓰레기 더미를 위한 구매Kaufen fur die Mullhalde〉를 통해 처음으로 알게 되었다) 이와 결부된 현상에는 이미 익숙해져 있을 것이다. 이를테면 휴대전화나 토스트기, 인쇄기, 냉장고 등의 품질보증기간이 끝나자마자 망할 놈의 기계가 명을 다한 경험을 해 봤을 것이다. 이 같은 현상의 배후에는 모든 것을 갉아먹는 '시간의 경과에 의한 손괴The Ravages of Time'뿐만 아니라 '계획적 진부화'가 감춰져 있다. '진부하다'라는 형용사는 넓은 의미에서 '쇠약한', '오래된', '더 이상 쓸모없는'을 뜻한다. 바로 이러한 의미에서 많은 제품이 매우 의도적으로 적시에(너무 이르지도, 너무 늦지도 않은 때) '쇠약해지도록' 만들어진다. 그 결과 구매 행위에 쾌감을 느끼는 소비자는 새 제품을 구매

함으로써 경제를 활성화할 수 있다.

제품이 고장 나지 않고 오래도록 작동된다면 어떤 상태로 이어질까? 판매 시장이 무너지고 우리의 수익과 노동시장, 연금제도가 위험에 빠질 것이다! 25년 동안이나 고장 나지 않고 작동하는 냉장고처럼 기이한 물건을 만들 수 있었던 나라는 구동독뿐이었다. 그러니 구동독이 붕괴한 것은 자연스러운 일이었다. 전기전자 대기업이 이미 수십 년 전에 전구의 수명을 2,500시간에서 1,000시간으로 체계적으로 낮춘 것을 보면 인간이 제품의 수명을 단축시키는 작업을 얼마나 제대로 수행하고 있는지 알 수 있다. 글로벌 시장의 모토는 '짧은 수명 만세!'다. 이 점에서 볼 때, 1950년대에 뒤퐁사의 디자이너가 '올이 나가지 않는 질긴' 나일론 스타킹을 발명했을 때 그 즉시 원점으로 돌아가 덜 질긴 제품을 개발하도록 회사 차원에서 지시한 것은 당연한 결과였다. 사업에서 너무 질긴 제품은 비극이다. 이는 경영 전문가라면 누구나 알고 있는 사실이다.

우리의 멋진 신제품 세계에서 모든 제품의 수명은 이미 확정되어 있다. 그리고 이렇게 확정된 수명이 적정선을 넘어가지 못하도록 제조사는 몇 가지 해결책을 고안한다.

우선 지난 시즌의 제품이 완전히 구식이라는 인상을 불러일으켜 소비자가 자발적으로 신제품을 구매하도록 빠른 유행 주기를 만들어 내는 것이다. 가끔은 소비자가 분별력을 잃고 자기만족을 위해 신제품을 마구 사들이는 경우가 있기 때문이다. 이에 더해 일부 제조사는 일정한 수명 기간이 지나면 작동을 중지하라는 친절한 명령을 내리는 특수 칩을 자사의 전기 제품에 장착한다(영화 〈쓰레기 더미를 위한 구매〉는 이 현상을 일정한 페이지 수를 복사한 후 수명을 다하는 복사기에 빗대어 설명했다. 해커 소프트웨어를 설치하고 복사 쪽수 계산 칩을 다시 0으로 돌려놓자 복사기는 다시 아무 문제 없이 작동했다). 더 선호되는 방식은 '계산된 마모'다. 이를테면 일정한 시간이 지난 뒤 제품을 사용할 수 없게 만들거나 시각적으로 '닳아빠진' 인상을 불러일으키는 자재를 사용해 고객이 더 비싼 일류급 신제품을 사야 하는 것은 아닌가 하는 고민을 세 번쯤 하게 만드는 것이다.

경영적 측면에서 볼 때 계획적 진부화는 틀림없이 영리한 전략이다. 제품의 다량 판매를 통해 기업의 성공을 보장한다는 점에서 아주 뛰어나다. 경제적 면에서도 꽤 설득력 있어 보인다. 우리 모두가 미친 듯이 소비해야만 그 보답으로 그토록 갈망하던 경제성장을 얻게 되기 때문이다. 독실한 가톨릭교도가 자신의 죄를 용서받기 위해 열렬히 기도하듯 정치가들은 얼마나 열렬히 경제성장을 갈망했던가!

하지만 세계적으로 볼 때 계획적 진부화는 기존 생산 조건 중 가장 아둔한 전략이며, 인간의 집단 지성 결핍과 뛰어난 집단적 어리석음을 보여 주는 대표적인 예다. 혼자서는 누구도 목숨 바쳐 얻어 낸 소중한 자원을 단시간 내에 쓸모없는 쓰레기 더미로 바꾸어 놓겠다고 생각하지 않을 것이다. 오직 무리를 이루어야만 그러한 이상행동을 과감하게 일으킬 정도로 충분히 어리석어진다.

인간은 해충인가, 익충인가

쓰레기가 점점 많이 생겨나는 이유가 제품의 수명이 점점 줄어들고 있기 때문임은 자명하다. 독일에서만 현재 연간 100만톤 이상의 쓰레기가 배출된다. 미국과 같이 매년 3억 대 이상의 컴퓨터가 '폐기 처리'되는 나라는 사태가 더욱 심각하다. 지금까지 그래 왔듯이 독성 산업폐기물을 가난한 나라로 수송하는 것이 해결책이 될 수 없다는 사실은 명백하다. 이 같은 독성 물질 수송이 야비하게도 '저개발국 원조'라는 이름으로 탈바꿈되고 있다.

그렇다면 우리 인간은 행동을 바꾸려 할까? 결코 그렇지 않다! 자원이 고갈되고 쓰레기 더미가 급속도로 늘어나도 인간은 단명의 패러다임이 시대에 뒤떨어진다는 사실을 인정하지 않는다. 모든 경제 전문가는 여전히 제품을 결함 있게 디자인해 되도록 빨리 신제품으로 대체시키는 것이 뛰어난 지성의 징표라고 생각한다. 결과적으로 보면 결국 모든 것이 그대로다. 인간은 온갖 힘을 다해 쓰레기 더미를 제조하고, 마치 전혀 예상 못 한다는 듯 집단 몰락의 이상적 토대를 구축하고 있다.

최근 수십 년간 싹터 온 환경 운동 역시 거의 변화하지 않았다. 일부 영역에서 성공을 거두기는 했지만(2001년 폴리염화바이페닐PCB이나 물에 녹지 않는 살충제DDT와 같은 독성 발암물질 사용이 금지되었다), 전체적으로 볼 때 생태 운동은 곳곳에 존재하는 광기에 '녹색 도색'을 한 것 이상을 넘어서지 못했다. 한번 자문해 보라. 한편에서는 자동차 한 대당 휘발유 소비를 반으로 줄이고, 다른 한편에서는 자동차 수를 세 배로 늘린다면 이것이 정말로 생태적 행위일까, 아니면 생태적인 '어리석은 짓'일까? 독성 유해 물질의 양을 줄이고, 회복할 수 없는 자원이 비생산적인 쓰레기로 탈바꿈되는 일을 감소시키는 정도에 불과한 생태적·도덕적 요구가 의미 있을까? 사람들이 '친환경'이나 '바이오' 라벨을 달고 시장에 나온 제품을 구입한다 한들 기껏해야 시스템의 붕괴를 지연시킬 뿐이며, '양심의 가책' 없이 제품을 소비하게 되기 때문에 최악의 경우 파멸을 가속화할 것이다.

'환경에 해를 덜 끼치는 것'은 이제 생태적 의무를 이행하려는 인간의 목표가 되었다. '환경에 해를 덜 끼친다'는 말은 지극히 생태적으로 들린다. 그러나 정확히 살펴보면 그 속에 생태적 어리석음이 숨어 있다. 덜 나쁘다는 것이 곧 좋다는 것은 아니기 때문이다. 바로 이 부분에서 현재의 생태 운동의 광기가 드러난다. 다시 말해 현재의 생태 운동은 호모 사피엔스의 긍정적인 발자국을 강화하는 대신 호모 데멘스의 부정적인 발자국을 축소하는 데서 행복을 찾도록 우리를 길들인다. 우리의 관심을 해충 인간에게 집중시킴으로써 익충 인간이 되는 길을 놓치게 만드는 것이다. 그렇다면 인간은 필연적으로 다른 종보다 훨씬 어리석은 것일까? 왜 인간은 개미가 수백만 년 전부터 모범적으로 수행하는 일을 이루지 못하는 것일까? 우리 인간은 생태계에 해를 끼치지 않고 나아가 유익하게끔 생산과 소비를 똑똑하게 구성할 수는 없는 것일까?

이것이 가능하다는 사실이 미하엘 브라운가르트Michael Braungart와 윌리엄 맥도너William McDonough의 역작 《요람에서 요람으로Cradle to Cradle》에 상세히 설명되어 있다.[30] 두 저자는 지금까지의 생산 형태, 이른바 원료 채취라는 요람에서 유해 폐기물 매립이라는 무덤에 이르는 생산 형태를 되도록 빨리 버려야 하는 이유를 설득력 있게 표명하고 있을 뿐 아니라, 그들이 제시하는 '요람에서 요람으로' 원칙에 따라 지금까지와는 다른 행보를 취할 수 있음을 보여 준다. 이 책에 따르면 진정한 순환 경제에서는 생물학적 자원과 기술적 자원이 분리되어야 한다. 각 자원은 영원히 사라지지 않고 생산 및 소비 공정에서 그대로 유지되며, 이를 통해 제품 기획과 생산 단계에서 미리 차후의 재활용까지 계산할 수 있다. 이러한 순환 시스템에서는 쓸모없는 쓰레기라는 의미의 폐기물이 전혀 존재하지 않는다. 모든 폐기물이 등장과 동시에 다음에 이어지는 신진대사의 영양분이 되기 때문이다. 수백만 년 전부터 자연이 우리에게 보여 주고 있듯이 말이다.

'요람에서 요람으로' 모델에서 주목할 점은 그 구상이 철저히 생태적이고 인도주의적이라는 사실이다. 이 모델에서 인간은 처음부터 지구에 부담을 주는 존재가 아니라 잠재적으로 유익한 존재다. 이 점은 생태학적 참회의 형태가 대부분인 전통적 접근 방식과 큰 차이가 있다. 전통적 접근 방식은 인간의 심각한 죄악들을 차례로 고백하며 '신의 온전한 피조물'이라는 주장으로 속죄를 구한다(종교적 어리석음과 생태학적 어리석음의 관계만 가지고도 별도로 한 권의 책을 쓸 수 있을 것이나 여기에서는 그저 지적하는 정도에 그친다). 이 같은 기본 구상의 차이는 광범

위한 실질적 결과를 가져온다. 전통적 접근 방식과 달리 '요람에서 요람으로' 모델은 축소, 포기, 제로성장(신성한 생태주의의 참담한 삼위일체)을 요구하지 않고, 더 많은 창의성과 아름다움, 기술적 가능성의 지적 팽창을 요구한다. '요람에서 요람으로'의 모범적 모델은 삭막하고 금욕적인 수도승의 방이 아니라, 해마다 자원을 매우 유익한 방식으로 사용함으로써 자신뿐만 아니라 주변에도 장기적으로 이득을 주는 만개한 벚나무다.

현재 브라운가르트와 맥도너는 '요람에서 요람으로' 모델이 실현될 수 있음을 국제 파트너와 공동으로 입증하고 있다. 그들은 더욱 깨끗한 물이 흘러들어 오고 흘러 나가는 공장을 설립했고, 에너지 소모량보다 생산량이 더 많은 집을 지었으며, 완벽하게 재활용할 수 있는 영사막을 개발했고, 걱정 없이 입을 수 있을 뿐 아니라(보통 우리는 유해 폐기물을 걸친다) 나중에 정원에 비료로도 뿌릴 수 있는 옷감을 만들었다. 최근 몇 년간의 경험으로 미루어 보아 우리의 신진대사를 자연과 함께 근본적으로 변화시킬 '요람에서 요람으로' 혁명이 확실히 실행 가능하다는 것을 짐작할 수 있다. 유명 회사들은 이미 '요람에서 요람으로' 모델을 성공적으로 수행하고 있으며,[31] 어리석고 부조리한 생태적 시스템으로부터 발을 빼는 이러한 노력들이 더욱 강한 생태적 촉진제가 된다면 분명 기업들의 참여가 점점 더 늘어날 것이다.

하지만 문제는 생태적 어리석음과 경제적 아둔함이 서로를 강화한다는 점이다. 끔찍하게도 우리가 매일 생산하고 소비하는 많은 재화는 비지성적으로 설계되어 있으며, 우리의 경제 시스템 전체가 그것을 바탕으로 하고 있다. 우리 인간은 바보 같은 제품을 생산하는 것으로도 모자라 제품 교환을 합리적으로 조직하는 임무도 제대로 수행하지 못하고 있다. 수학적으로 마이너스 곱하기 마이너스는 플러스다. 하지만 바보 같은 제품을 바보같이 분배한 결과 기름진 플러스가 나타나고, 이것은 순식간에 몇몇 소수의 계좌로 흘러들어 간다. 그럼에도 인류 대부분은 얼이 빠진 상태로 이러한 행태를 그저 바라보고만 있다.

경제적 집단 어리석음

　제대로 기능하는 경제는 근본적으로 재화와 용역의 원만한 교환을 보장해야 한다. 이론대로라면 지속적으로 재성장하는 자연 재산과 막대하게 증가한 인간의 생산력 덕분에 지구 상의 모든 개체가 사실상 걱정 없는 삶을 누리고 있어야 한다. 하지만 우리 모두가 알고 있듯이 현실은 완전히 다르다. 물론 오늘날 많은 사람들이 막강한 권력을 가졌던 과거의 황제와 왕, 교황도 시기할 정도의 호사를 누리고 있지만, 이와 동시에 매일 5세 이하 아동 30만 명이 영양실조와 비위생적 환경, 의료 시설 부족으로 죽어 가고 있다. 한편에서 샴페인을 터뜨리는 동안 한편에서는 10억 명의 사람들이 깨끗한 식수조차 공급받지 못한 채 살고 있다. 한편에서 과잉 섭취한 칼로리를 줄이려고 헬스클럽에 다니는 동안, 한편에서는 7억 명이 기아의 위협에 직면해 있다. 이 같은 현상은 우리 시대의 거대한 모순이다. 오늘날처럼 인간이 부유했던 적도, 가난했던 적도 없다. 과거에는 이처럼 엄청난 풍요로움과 끔찍한 빈곤이 동시에 존재했던 적이 결코 없었다.

많은 사람들이 여기서 윤리의 문제를 지적한다. 그들은 부유한 산업국가 사람들이 지나치게 탐욕스러우며, 가난한 자의 접시에 남은 마지막 빵 부스러기를 의도적으로 앗아 가려 한다고 생각한다. 그러나 이것이 사실일까? 우리는 실제로 다른 사람의 고통에 전혀 마음이 움직이지 않을 만큼 냉정한가? 우리는 정말로 빈자의 불행을 발판 삼아 자신의 행복을 향상시키려고 노력하는가? 아니다! 우리 대부분은 지금까지 그래 온 것처럼 앞으로도 그러면 안 된다는 확신을 갖고 있다. 산업국가 사람들 대다수가 모든 개인이 걱정 없이 살 수 있는 세상, 더욱 정의로운 세상을 원한다.

그런데도 현 상황이 변하지 않는 이유는 글로벌 윤리Global Ethics가 결여되어서가 아니라 지성이 결여되었기 때문이다. 우리 인간은 정의로운 세상을 만들기에 너무 못된 것이 아니라 너무 어리석다! 이것은 냉정한 사실이다. 지금처럼 빈부 간의 격차가 점점 더 심해지고 있는 현실은 인간의 본질적 비운이다. 그 누구도 원하지 않고 모두가 한탄하지만 실제로 빈부 격차는 점점 더 벌어지고 있다. 가난한 나라에서만이 아니라 부유한 국가에서도 말이다.

고전적인 경제학 이론대로라면 이런 사태는 절대 일어나지 않아야 한다. 애덤 스미스가 말한 '시장의 보이지 않는 손'은 시간이 지남에 따라 모든 사람의 풍요를 보장할 수 있도록 개인의 이기주의를 조종했어야 했다. 하지만 상황은 달랐다. 시장의 보이지 않는 손은 개인의 이기주의를 어루만져 주었던 반면, 모든 사람의 풍요는 무시해 버렸다. 수백만 명의 희생자를 낳고도 지명 수배자 전단에 얼굴을 드러내지 않은 '보이지 않는 살인자'의 투입을 '완전범죄'라고 말할 수 있을 것이다. 물론 그 모든 것이 의도적으로 계획되었다면 말이다. 하지만 자연 내에 지성이 개입되어 고안된 것이 거의 없듯(생물학적 진화는 지적인 기획자가 있다는 가정 자체가 불가능할 정도로 실패와 불운, 과오로 가득 차 있다), 우리의 경제 행태에서는 완전범죄는 물론이고 어떤 형태로든지 고도의 지적 능력이 발현된 예를 도무지 찾아볼 수가 없다. 오히려 그 반대다. 경제 영역에서처럼 인간의 집단 어리석음이 극명하게 드러나는 분야는 없을 것이다.

그다음으로
멍청한 사람들을 찾아라!

　국제금융시장에서 일어나는 소동을 생각해 보라. 내가 지금
이 글을 쓰는 순간에도 그리스를 비롯한 기타 유럽 국가의 막
대한 국채 때문에 유로화가 매우 약세다. 유럽 각국이 자국의
규모로서는 상상하기 어려울 정도의 거액에 달하는 '구제기
금'에 합의했음에도 교활한 헤지펀드 매니저들은 앞으로도 유
로화 약세가 지속될 것이라고 내다보며 베팅하고 있다. 때문

에 언론이나 정치권은 헤지펀드를 우리 시대의 거대한 희생양으로 표현한다. 하지만 여기서 간과되는 사실이 있다. 즉 헤지펀드 매니저가 유로화 약세에 베팅하는 자본의 상당 부분이 유로존 자체에서 나온다는 점이다! 예를 들어 독일 연금기금은 가입자의 연금을 안전하게 보장하기 위해 환투기를 전문으로 하는 수익 높은 헤지펀드에 자금을 투자했다(성공한 기업인 헤지펀드 FX 콘셉트Concepts 사는 환투기를 전문으로 하고 있다. 이 회사 회장 존 테일러John Taylor는 자사의 투자 고객인 독일 연금기금이 유로화 투기로 고수익을 내는 것을 반대한 적이 없다고 지적했다. 우리는 그의 말을 믿을 수밖에 없다). 그 결과 유럽 저축이 유럽 저축에 베팅을 하고 있는 형세다. 이보다 어처구니없는 사실은 유로화 약세가 중단되면 연금 가입자의 개인 노후 연금이 감소되고, 유로화 약세가 계속 이어지면 연금 가입자가 받을 연금은 증가하겠지만 유로화의 가치가 완전히 없어진다는 것이다.

금융시장에서 이런 식의 비정상적인 사고가 통용되는 일은 다반사다. 더 정확히 말하면 이런 말도 안 되는 사고가 금융

시장의 본질을 구성하고 있다. 1999년 생을 마감한 증권계의 고수 앙드레 코스톨라니André Kostolany는 파리 주식거래소에 발을 디딘 첫날 이미 나중에 자신이 이룰 성공의 기본 원칙을 알았다고 주장했다. 다시 말해 주가 등락은 오직 한 가지, "주식이 바보보다 많은지, 바보가 주식보다 많은지"(코스톨라니는 그의 마지막 인터뷰였던 1999년 5월 14일 뵈르젠리포트와의 인터뷰에서 재치 있는 이 말로 분위기를 띄웠다)에 좌우된다고 했다. 실제로 금융시장은 '그다음으로 멍청한 사람을 찾아라!'라는 바보 같은 기본 원칙에 충실한 '행운의 편지'식 논리에 따라 작동한다. 다시 말해 이미 웃돈을 주고 산 주식을 그보다 더 높은 값에 매각하는 사람에게 성공이 주어진다. 물론 자신이 보유한 형편없는 '금융 상품'의 가치가 하락하리라 예측하고 그다음으로 멍청한 사람을 찾아 그것을 판매한 사람은 더욱 성공적이다(수익 극대화라는 이 전략은 미국의 부동산 거품을 행운의 편지처럼 줄줄이 터지게 했고, 2008년 결국 은행 파산으로 이어졌다). 이 같은 거래 구상은 실물경제에서는 결코 일어나서는 안 될 일이다. 하지만 금융시장에 잠재하는 '행운의 편지'식 거래는 이미 오래전부터 실물경제와 분리되어 있다.

실물시장과 금융시장의 차이가 얼마나 큰지는 각 시장의 규모를 대조해 보면 알 수 있다. 세계적으로 생산되는 모든 재화와 용역의 가치 총액은 2010년 63조 달러였지만, 파생 금융상품(이러한 재화와 용역으로부터 지극히 불투명한 방식으로 파생되는 미래 가치에 대한 투기)의 규모는 무려 601조 달러였으며, 외환 거래(통화 거래)의 규모는 심지어 955조 달러에 달했다.[32] 이같은 불균형을 고려해 볼 때 실물 재화와 용역생산에 대한 투자가 점점 감소한다는 사실은 그리 놀라운 일이 아니다(1970년대 독일에서는 국내총생산GDP의 15퍼센트 정도가 생산능력 개선 및 확장에 투자되었는데 1990년대에는 10퍼센트로 줄었고, 2010년에는 순고정 자본형성 지분이 겨우 2.9퍼센트에 불과했다).[33] 자본가가 무엇을 위해 신기술과 신제품에 투자하겠는가? 은행 역시 가상의 금융 도박판에서 룰렛 게임으로 훨씬 많은 수익을 얻을 수 있는데, 기업 대출과 같은 재화 생산을 위한 가치에 힘들게 투자할 이유가 있겠는가? 이런 투자 전략은 금융 시스템 내의 논리로는 지극히 합리적으로 보이겠지만, 객관적으로 관찰해 보면 시대를 통틀어 경제적으로 가장 어리석은 짓이다!

금융시장 혼자 자기 자신 안에서만 맴돈다면 그 수익과 손실은 대체 무엇을 의미하는가? 엄청나게 증대된 자산과 부채는 어느 정도의 실질 가치가 있을까? 허구 자본을 실제 재화와 용역이 아닌 허구 자본에 투자함으로써 실질적 풍요를 낳을 수 있다는 생각보다 더 어리석은 생각이 있는지 한번 자문해 보라. "당신의 돈을 일하게 하십시오!"라는 은행의 헛소리 광고 문구를 떠올리지 않을 수 없다. 돈은 당연히 스스로 일하지 않는다. 돈을 위해 일하는 실제 인간이 재화와 용역을 공급함으로써 돈을 일하게 하는 것이다! 그리고 바로 이 지점에서 인과응보의 결과가 나타난다. 다시 말해 자본의 대부분이 실물 재화와 용역이 아닌 투기성 금융 상품에 흘러들어 가고 있는데 인간은 도대체 무슨 돈을 위해 일한다는 말인가?

모든 행운의 편지가 그렇듯 카지노 자본주의 역시 허구와 실제 사이의 모순이 거짓으로 숨길 수 없을 정도로 방대해질 때 붕괴할 것이다. 현 상태는 그 붕괴 지점에 점차 다가가고 있는 것처럼 보인다. 무한히 증대된 자산과 이를 토대로 생겨난 막대한 부채의 규모가 불합리하다는 사실을 인식하는 사람들이 점점 늘고 있다. 대부분의 사람들이 위기의 순간인 바로 지금에서야 자산과 부채의 해결할 수 없는 관계, 즉 부채 없이는 자산도 없다[34]는 사실을 알게 된 것이다.

당신이 1유로를 저축하는 만큼 다른 누군가가 자기 소유가 아닌 1유로를 지출해야 한다. 당신의 저축액이 늘면(이 액수만큼은 복리Compound Interest 메커니즘을 통해 보장된다), 다른 누군가의 부채도 늘게 된다. 논리적으로 볼 때 이러한 게임은 채무자가 이자 붙은 자신의 빚을 갚을 수 있으리라고 생각할 때에만 기능할 수 있다. 하지만 시간이 지남에 따라 상황은 점점 악화되며, 부채와 자산이 천문학적 액수에 달하게 되는 순간 완전히 비현실적이 된다. 이 진실의 순간에 호모 데멘스 경제의 못난이들이 벌이는 게임의 과오가 분명히 드러난다. 즉 더 이상 아무도 지불할 수 없는 부채가 결국 그 무엇으로도 충족되지 못하는 자산을 의미한다는 사실이 밝혀지는 것이다.

채권자의 빚

보통 빚은 자금순환이 막힐 경우 지불 능력이 없는 채무자에게 부과된다. 채권자는 "채무자에게 빚이 없다면 도대체 누구에게 빚이 있다는 말인가?"라고 격분하며 순진하게 생각한다. 그리하여 더 이상 변제할 수 없는 채무자에게(그리스를 보라, 곧 다른 나라들도 그렇게 될 것이다) 속죄를 강요하고, '허리띠를 바짝 졸라매어' 어떤 재정적 역경이 오더라도 긴축하라고 요구한다(이는 나빠진 경제를 더욱 심각하게 악화시키며 사회적으로도 치명적인 결과를 초래한다). 그런데 채무자가 채권자에게 빚을 갚아도 실제로 채권자는 채무자와 마찬가지로 비참한 처지에 처해 있다(독일의 가계는 이미 몇 년 전에 10조 유로 이상의 엄청난 자산을 축적했는데, 이 자산은 특히 수십억 유로에 달하는 국가 예산 이자 지불을 통해 얻어졌다. 다시 말해, 수십억 유로의 국가 예산 적자가 없었다면 개인 자산 역시 막대하게 증가하지 못했을 것이다. 당신이 다음번에 어마어마한 국채를 비난할 때 이 점을 떠올려 보라). 채권자의 수익률이 높아질수록 채무자의 부채비율도 높아지기 때문이다. 이 말이 우리가 더 이상 엄청난 빚더미를 감당할 능력이 없다는 것을 의미한다면 당연히 맞는 말이다. 하지만 여기서 망각해서는 안 될(하지만 매번 망각하는) 사실은 이를 반대로 생각하면 우리가 더 이상 엄청난 자산을 가지고 있을 능력이 안 된다는 의미이기도 하다는 것이다.

만약 당신이 대부분의 다른 국가나 많은 부채를 진 미국 주택 건설업자와 달리 분수에 넘치는 생활을 하지 않고 절약하는 사람에 속한다고 스스로 생각한다면 이 또한 존경할 만한 것이 못 된다. 분수에 넘치는 삶을 살지 않는 사람도 똑같이 경제에 해를 끼치기 때문이다. 자신의 자본만을 늘리려고 노력하는 지독한 구두쇠가 오히려 더 나쁘다. 그런 사람은 다른 사람을 부채의 덫으로 몰아갈 뿐 아니라, 결국 자기 자산의 근거가 되는 경제순환을 직접적으로 약화시킨다. 그 이유는 무엇일까? 아낀다는 것은 곧 소비의 포기를 의미하며, 소비의 포기는 재화와 용역의 판매 약화로 이어지고, 나아가 실질 이윤의 하락으로 이어지기 때문이다. 그 결과 실업률이 높아지고 세금 징수가 축소되며 개인 파산이 증가함으로써 결국 (부채와 자산의 밀접한 관계를 통해) 국가파산과 개인저축의 손실이 야기된다.

규모가 막대한 자산이 해로운 이유는 언젠가는 지불할 수 없을 정도로 커질 부채를 기반으로 하고 있기 때문이며, 또한 모든 훌륭한 재화와 용역을 이용하기에는 자본이 다수가 아닌 소수에게 집중되어 있기 때문이다. 이론상으로는 재화와 용역이 원활히 공급되어야 하지만 지불 능력이 있는 소비자가 없어졌기 때문에 더 이상 구매자를 찾을 수 없다. 경제적 어리석음은 여기서 절정에 달한다. 즉 근본적으로 자금이 재화 및 용역과 마찰 없는 교환을 보장해야 하는데, 현 상황에서는 되레 방해꾼 역할을 하고 있다. 근본적으로 훌륭하게 기능하는 시장에 필요한 요소는 바로 욕구와 이러한 욕구를 포괄적으로 충족시켜 주는 생산수단을 갖춘 인간이다. 공급과 수요를 서로 결합시키는 매개체에 불과한 돈은 훌륭한 시장에 필요한 요소가 아니다. 그럼에도 돈이 잘못된 자리에 있기 때문에 인위적으로 재화와 용역이 부족한 상태가 생겨난다. 매개체인 돈이 합리적으로 분배된다면 이 같은 부족 상태는 결코 나타나지 않을 것이다.

이런 정황을 이해하려면 경제순환에서 돈의 핵심 역할을 알아볼 필요가 있다. 기본적으로 돈은 두 가지 기능을 한다. 첫째, 돈은 모든 재화와 용역의 핵심적인 지불수단 및 교환 수단으로 사용된다. 이 같은 수단으로서 돈은 매우 천재적인 발명품이며, 직접 교환거래의 거대한 노고를 덜어 준다(당신이 이 책을 내게서 직접 구입하기 위해 정원에서 딴 사과나 15분간의 기타 교습, 단거리 택시 주행을 그 대가로 지불해야 한다고 상상해 보라. 어쩌면 우리는 성공적인 흥정을 하지 못할 수도 있다). 둘째, 돈은 구매력 비축 수단으로서 기능한다(이를테면 내가 이 책의 판매 수익으로 곧바로 사과를 살 필요는 없으며 몇 달 뒤에 사도 된다). 이런 구매력 비축 기능 역시 돈의 유의미한 특성이다. 물론 경제 순환 과정에 돈을 장기간 참여시키지 않겠다고 생각하는 사람이 없다는 전제하에서만 말이다. 한 사람이 비축하는 돈은 (예를 들어 베개 아래에 돈을 감춰 놓음으로써) 재화와 용역의 교환을 위해 다른 모든 사람에게 필요하다. 피가 몸 안에서 순환하듯 돈도 경제에서 순환해야 한다. 따라서 이 순환이 중단되면 시스템 자체가 붕괴된다.

금융 저널리스트 루카스 차이제Lucas Zeise는 훌륭한 일화를 통해 돈의 순환이 얼마나 매력적인 영향력을 발휘하는지 설명했다. "세계 금융 위기가 닥치자 오로지 관광업으로 먹고사는 프랑스 뤼베롱의 작은 마을에도 관광객의 발길이 끊

기게 되었다. 관광객이 마을을 찾지 않자 주민 모두는 생존을 위해 다른 사람에게 돈을 꾸어야 했다. ······ 마침내 한 이방인이 나타나 호텔 방 하나를 예약한다. 그는 체크인을 위해 100유로짜리 지폐를 낸다. 이 관광객이 여행 가방을 들고 계단을 올라가자마자 호텔 주인은 몇 주 전에 100유로를 빌렸던 정육점 주인에게 달려가 돈을 갚는다. 정육점 주인은 이 돈을 들고 고기를 공급해 주던 농부에게 달려가 지금까지 갚지 못했던 돈을 갚는다. 농부는 매우 기쁘게 돈을 집어 들고 이 마을에 단 한 명뿐인 매춘부에게 달려간다. 매춘부는 서둘러 호텔 주인을 찾아가 가끔 시간 단위로 방을 빌리고는 경제 위기 이후로 갚지 못했던 돈을 갚는다. 그녀가 이 지폐를 호텔 리셉션에 올려놓는 바로 그 순간, 아까 그 관광객이 계단으로 내려와 방이 마음에 들지 않는다고 말하며 돈을 들고 사라진다. 한 마을에서 일어난 이 짧은 경제순환 과정에서 지출된 돈은 전혀 없었으며, 그 누구도 돈을 벌거나 잃지 않았다. 다만 모든 마을 주민의 빚이 갑자기 사라졌을 뿐이다."[35]

교환 수단에서 교환 목적이 되다

 돈이 그저 지불, 교환, 구매력 비축 수단이라는 본질적 기능만 가지고 있었다면 이 세상은 분명 더 나아졌을 것이다. 하지만 호모 데멘스는 호모 데멘스이기 때문에 인류의 훌륭한 발명품들의 순기능을 역전시키는 온갖 시도를 모색했고, 돈에 대해서도 마찬가지였다. 인간은 돈을 재화와 용역의 교환을 위한 안정적이고 투명하며 중립적인 계산 수단으로 사용하는 대신 불안정하고 불투명하며 편파적인 재분배 도구로 만드는 데 전력을 다했다. 어떻게 이런 바보 같은 짓에 성공할 수 있었을까? 그 이유는 아주 간단하다. 교환 수단을 교환 목적으로, 상품 무역의 매개체를 그대로 상품으로 만들어 버렸기 때문이다.

이러한 구상이 실현되어서는 안 된다는 점은 분명하다. 돈 자체가 상품이 되고, 돈의 가치가 시장에서 불투명하고 이기적인 투기를 통해 결정된다면 어떻게 돈이 재화와 용역의 시장가치를 재는 중립적 척도가 될 수 있겠는가? 금융시장의 규제를 해제함으로써, 다시 말해 돈의 상품 기능을 강화함으로써 경제적 광기가 기록적인 속도로 새로운 정점에 도달했다는 사실이 놀랄 만한 일인가? 당연히 아니다! 물론 비참한 현 상황에 대한 원인을 규제가 풀린 금융시장과 그곳에서 이루어지는 행운의 편지식 거래에서 찾는 것은 잘못일 것이다. 그렇지만 간교한 금융 곡예는 돈의 상품 기능을 고안해 낸 것이 아니라 전부터 있던 것을 발견해 낸 것이다. 금융 곡예의 창조적 업적은 돈의 상품 기능 속에 담겨 있는 광기를 극단으로 밀고 나갔다는 것뿐이다.

돈이 교환의 매개체일 뿐 아니라 상품이기도 하다는 사실은 돈을 얻기 위해 대가를 지불해야 한다는 점에서 확인할 수 있다. 그 대가는 바로 이자다. 전통 경제에서 이자는 화폐유통을 보장한다는 점에서 정당화되며, 자신의 돈을 조용한 창고에 비축하지 않고 다시 경제 안에서 순환시켰다는(우리가 익히 알고 있듯이 이는 재화와 용역 교환의 순기능을 위해 필요하다) 점에서 화폐 자산 소유자에게 부여하는 특별수당이라고 볼 수 있다. 물론 이자는 그 유용성을 훨씬 능가할 정도의, 심지어 유용성을 아예 없애 버릴 정도의 아주 심각한 부작용을 가지고 있다. 현실에서 영원히 실현 불가능한 경제성장을 강요할 뿐 아니라(기업 이윤은 결국 투하자본의 이자보다 많아야 한다. 그렇지 않은 기업은 파산하기 때문이다), 빈자의 돈이 부자에게로 흘러가는 형태의 자산 재분배로 이어지기 때문이다. 이 같은 자산 재분배는 아무런 조치를 취하지 않을 경우 시간이 흐름에 따라 점점 확산돼 결국 경제순환 전체가 붕괴되고 만다(돈의 대가인 이자는 이론적으로 실제 재화에 비해 통화가 과잉 공급될 경우 사실상 제로가 되어야 한다. 하지만 금융시장의 불투명성 때문에 이런 경우는 일어나지 않는다. 이것이 가져오는 끔찍한 결과를 우리는 이제 보게 될 것이다).

그렇다면 빈부 격차가 점점 벌어지는 이유에 대해 알아보자. 이를 위해서는 구체적인 착취 형태만이 아니라(예를 들어 임금 덤핑Wage Dumping), 무엇보다도 돈의 상품적 특성에서 나타나는 추상적 착취 형태를 살펴봐야 한다. 돈의 상품적 특성이란 돈의 상품화를 고착시키는 이자 메커니즘과 복리 메커니즘이라는 치명적인 논리를 의미한다. 이 메커니즘의 효력은 유명한 《성서》 구절을 빌려 쉽게 설명할 수 있다. "무릇 있는 자는 받아 풍족하게 되고 없는 자는 그 있는 것까지 빼앗기리라."(마태복음 25장 29절. 엄밀히 따지면 모세오경과 《성서》뿐만 아니라 《코란》도 신자들에게 이자 경제를 금하고 있다고 봐야 할 것이다. 하지만 유감스럽게도 종교적으로 풍부한 문화유산을 가진 호모 데멘스는 확실한 바보 감각으로 이성적인 요소가 아닌, 뇌를 갉아먹는 요소를 골라냈다) 경제 현실도 이와 마찬가지다. 추가 자본이 이자 수입의 형태로 자본이 있는 자에게로 흘러들어 간다. 자본이 없는 자는 그나마 얼마 있지 않은 것까지 이자 부담의 형태로 빼앗기게 된다.

돈이 부자를 만든다

이 같은 관계가 야기하는 참담한 결과는 무엇보다도 산업국가와 개발도상국의 관계에서 잘 나타난다. 이를테면 최근 수십 년 동안 가난한 남쪽 나라에서 부유한 북쪽 나라로 송금된 대출이자는 반대 방향으로 흘러들어 간 개발 원조금보다 4배나 많았다. 1990년 중반에 이미 화폐 금융 전문가 헬무트 크로이츠Helmut Creutz는 다음과 같이 확언했다. "우리 국민은 제3세계에 기부하는 일에 대해 종종 자긍심을 느낀다. 전체

산업국가들은 매년 약 40억 달러라는 상당한 금액을 모금한다. 하지만 이 40억 달러는 가난한 나라들이 지불해야 할 12일치 이자에 불과하다. 나머지 353일 동안 이만큼의 돈을 긁어모으는 것은 그들만의 문제로 남을 뿐이다. 다시 말하면 부자 나라의 모든 구호 기구들이 1년 동안 모아 전달한 기부금이 12일 후면 다시 그곳으로 되돌아간다는 것이다. 하지만 기부자의 주머니로는 단 한 푼도 들어가지 않는다. 이 돈은 모두 자신의 저축액을 가난한 국가에 대출 형태로 제공하는 투자자의 계좌로 흘러들어 간다. 말하자면 이 돈은 이미 수년 전부터 가난한 나라로부터 이자소득을 얻고 있는 사람들에게 들어가고, 이렇게 얻은 소득으로 계속 기부행위를 하게 되는 것이다."[36]

이렇게 가난한 자로부터 부유한 자에게 흘러들어 가는 유이자 자금 이동은 국제 차원만이 아니라 부유한 산업국가 내에서도 일어난다. 독일의 가계가 자산 등급별로 동일한 규모의 10개 집단으로 분류된 것을 보면 이처럼 특이한 재분배의 구조가 명확하다는 것을 알 수 있다. 여기서 드러나는 사실은 자산 규모가 가장 큰 두 가계 집단만 (은행 대출에 사용될 뿐만 아니라 거의 모든 경제재에 숨어 있는) 이자 메커니즘으로부터 이익을 얻고, 나머지 가계의 80퍼센트(정확히 산출하면 85퍼센트)는 뚜렷한 적자를 감수해야 한다는 점이다. 2007년에만 2,550억 유로(!)가 가난한 8개의 가계 집단으로부터 부유한 2개 가계 집단으로 흘러들어 갔다. 가장 큰 수익을 얻은 자는 독일 가계에서 가장 부유한 상위 10퍼센트였는데, 이들은 안 그래도 넘쳐 나는 자산에 더해 2,310억 이상의 이자 수입(이자 수익에서 이자 부담을 뺀 부분)을 올렸다.[37]

이러한 유이자 자금 이동이 비단 2007년만의 일이 아니라 이미 수십 년 전부터 진행되어 왔다는 점을 생각해 보면, 독일 인구의 최고 부유층 상위 10퍼센트가 현재 독일 전체 자산의 60퍼센트 이상을 소유하는 이유도 명확해진다(1988년에는 그들의 소유 자산이 전체 자산 중 45퍼센트에 불과했지만 2002년에는 57.9퍼센트, 2007년에는 61.7퍼센트로 점점 증가하는 추세다).[38] 현재 독일 자산의 80퍼센트 이상이 가장 부유한 상위 20퍼센트 가계에 속해 있는 반면, 가계의 80퍼센트는 20퍼센트 이하의 자본으로 생계를 꾸려나가야 하며, 가장 가난한 하위 50퍼센트 집단은 자산의 2퍼센트를 간신히 긁어모을 수 있을 뿐이다. 국제적인 척도에서 볼 때 이런 빈부 간의 불균형은 더욱 극적으로 나타난다. 즉 세계 인구 중 가장 부유한 상위 10퍼센트가 국제 자산의 85퍼센트를 소유하고 있으며, 인구의 절반인 가난한 이들이 보유한 자산은 전체의 1퍼센트에 불과하다.[39]

이렇듯 불평등한 자산 분배는 도덕적·정치적 측면에서 도저히 받아들일 수 없을 뿐만 아니라(이 자산 차이를 실제 '성과'를 근거로 어떻게 정당화할 수 있단 말인가?), 경제적으로도 치명적인 결과를 가져온다. 경제 이론에서 이 문제는 종종 '한계효용'이라는 개념으로 다루어진다. 한계효용이란 개인이 누릴 수 있는 재화의 단위가 커질수록 그 재화의 단위를 늘리는 데 대한 만족감이 떨어지는 것을 말한다. 예를 들어 배가 아주 고플 때는 빵 한 개, 두 개, 세 개, 어쩌면 다섯 개까지 기뻐하며 먹을 것이다. 하지만 열 번째, 백 번째, 천 번째 빵이 식탁

위에 놓인다면 더 이상 먹을 수도 없고 기쁘지도 않을 것이다.

돈의 경우도 마찬가지다. 독일의 80퍼센트에 해당하는 가난한 가계에서 어떤 식으로든 수입이 증가할 경우 실제 효용이 있을 것이다. 그들은 추가로 얻은 돈을 대부분 소비에 투자할 것이고, 이 소비가 경기를 북돋울 것이다. 하지만 부유한 자에게는 이자 메커니즘을 통해 흘러들어 오는 추가 수익의 실제 효용이 거의 제로에 가깝다. 그들은 이미 개인적으로 쓰고도 남을 정도의 엄청난 자본을 소유하고 있기 때문이다. 부유한 집단에서 추가로 소비가 늘어나는 일은 거의 불가능하며, 추가적인 만족감도 더 이상 없을 것이다. 이 점에 대해 토마스 슈트로블Thomas Strobl은 다음과 같이 아주 적절하게 묘사했다. "사치품은 대량 사업이 아니다. 세 번째 포르쉐 자동차는 첫 번째 포르쉐 이상의 만족감을 주지 못한다. 검은돈으로 샀거나 뻔뻔하게 세액공제를 받아 샀더라도 말이다. 소수의 슈퍼 리치Super Rich만으로는 시장경제가 가동될 수 없다.

이것은 틀림없는 사실이다."[40]

4막으로 구성된
어리석은 경제 익살극

현 상황의 문제점이 이제 분명해졌다. 자산이 점점 소수 인구에만 집중되면 전체적으로 국내 수요가 줄어들고, 이로 인해 재화와 용역의 실제 판매고도 감소한다. 그 결과 내가 이미 지독한 절약의 결과라고 언급한 모든 퇴행 과정이 발생한다. 오늘날 국제금융 무대에서 펼쳐지는 끔찍한 익살극은 새삼스러운 일이 아니다. 국제 금융 못난이들이 제공하는 '4막짜리 어리석은 경제 익살극'은 대략 다음과 같이 요약할 수 있다.

제1막 국내 경기가 침체되면서 많은 기업이 노동자 해고를 통해 이윤을 추구한다. 기업이 경영합리화 대책을 발표할 때 주가가 오르는 이유가 그 때문이다. 처음에는 이 같은 전략이 매우 뛰어난 것처럼 보이겠지만, 장기적 측면에서 볼 때는 아주 바보 같은 짓이다. 일반적으로 노동자를 해고하면 시장 구매력도 사라지기 때문이다. 이는 나아가 경기 불황으로 이어진다.

제2막 최악의 상황을 피하기 위해 국가의 개입이 강화되면서 시장 아웃사이더의 생계를 보장하는 경기회복 프로그램이 대대적으로 진행된다. 그렇지만 이는 국가 예산을 점점 더 깊은 부채의 소용돌이로 몰아갈 뿐이다. 내가 이 글을 쓰는 현재(2011년 10월 1일, 오후 4시 30분) 독일의 국가 부채는 2조 726억 9,250만 7,910유로다[41](내가 정확한 일시를 쓴 이유는 이 숫자를 키보드로 입력하는 1분도 채 안 되는 시간에 독일의 부채 액수가 9만

유로 증가했기 때문이다. 그리고 매일 1억 3,400만 유로씩 증가한다).

1970년(당시 독일의 부채는 640억 유로에 불과했다) 이후로 독일의 국가 부채가 30배 이상 증가했다. 물론 이처럼 엄청난 국가 부채가 영원히 늘어나게 놔둘 수는 없다. 따라서 독일 역시 생활보호 대상 가구에 지원하는 예산[하르츠 4법Hartz IV(독일 자동차 회사 폴크스바겐 인사 담당 이사 출신인 페터 하르츠Peter Hartz의 이름을 딴 이 법은 노동 및 복지 개혁 정책의 핵심으로 제정되어 2005년 1월 1일부터 시행되고 있다–옮긴이)]을 삭감하는 등 '부채 제동' 규정을 마련했다. 그러나 이는 다시 사회적 긴장 상태를 고조시키는 결과를 초래할 뿐 아니라 나아가 국내 수요의 감소와 그 부정적 효과를 야기한다.

이것만으로도 끔찍한 상황인데, 이보다 더 무시무시한 결과가 아직 남아 있다. 독일이 1970년과 2009년 사이에 차용해야 했던 총 1조 5,960억 유로라는 새로운 대출금과, 이와 같은 시기에 지불해야 하는 1조 5,620억 유로의 이자가 서로 마주하고 있기 때문이다. 다시 말해 독일의 국가 예산은 39년 동안 축적한 1조 5,000억 유로 이상의 새로운 부채 중 일반 과제(이를테면 교육 및 사회보장제도) 명목으로 고작 340억 유로만 집행할 수 있다는 뜻이다![42] 나머지 돈은 대부분 국가에 엄청난 금액을 빌려 줄 수 있을 만큼 부유한 소수의 계좌로 흘러들어 간다. 어마어마한 자산을 소유한 부자는 공중의 희생으로 손 하나 까딱하지 않고 1조 5,620억 유로를 벌게 된다.

제3막 막대한 자산 수익으로 풍요를 누리는 부자들은 호사스러운 문제에 봉착한다. ① 돈이 다 소비될 수 없을 경우, ② 실질 경제로의 투자가 가치를 상실할 경우(일반 구매력이 약해지면서 수익이 떨어지기 때문에), ③ 자발적인 모든 자금 공급자를 만족시킬 정도로 국가가 더 이상 부채를 지지 않을 경우, 이 모든 돈을 어떻게 할까? 이는 최근 몇 년 동안 금융계를 완전한 '투자 위기'에 빠뜨린 어려운 문제다. 이 문제에 대한 그럴듯한 해결책으로 허구 자본 투자를 '금융 상품'의 형태로 고안해냈다. 즉 불량 채권에(갚을 능력이 전혀 없는 사람에게) 아주 독특하고 불투명한 포장을 입혔다. 이러한 해결책은 실제로 한

동안 효과가 있었지만, 결국 종말을 고했다.[43]

제4막 이 같은 진실의 순간에 국가가 또다시 극적으로 등장해 수십억의 대출을 받아 은행뿐만 아니라 은행의 관리를 받는 자산의 손실을 막는다. 여기서 일어나는 예상치 못한 반전은 자산 손실을 막기 위한 자산이 이 자산 자체로부터 나오며, 이에 따라 구제 역할을 하는 국가가 금융기관에 더 높은 이자를 지불해야 한다는 점이다. 사실 이 방법은 국가가 금융기관으로부터 계속해서 자산을 빌리는 경우, 즉 구제된 자산의 손실을 막기 위해 구제된 자산을 투입하는 경우에만 가능하다. 이 비합리적인 게임의 정점은, 금융기관이 구제된 자산을 이용해 구제자인 국가를 상대로 거래를 함으로써 국가의 대규모 구제책에 보복한다는 것이다(유로존 국가 위기). 그 결과 국가는 구제된 자산을 보호하기 위해 또다시 더 많은 자산을 차용해야만 한다.

이와 같은 익살극이 결국 어떤 결과를 가져올지 짐작할 수 있겠는가? 우리의 자금 체계가 많은 질타를 받는, 허구 금융 상품이 판치는 금융시장과 크게 다를 바 없다는 인상을 받았다면 아주 정확히 본 것이다. 실제로 현재 경제 시스템 전반이 어리석은 '행운의 편지' 논리에 따르고 있다.[44] 이러한 논리는 한동안은 훌륭한 효력을 발휘하는 것 같지만, 결국 언젠가는 현실의 벽에 부딪혀 박살나게 된다. 최근 몇 년간의 불투명한 금융 상품은 단순히 현 경제 시스템에서 우연히 발생한 예외적 현상이 아니라 어리석은 '행운의 편지'식 경제 논리에 따른 당연한 결과이며, 이미 그 최종 국면에 처해 있다. 그러므로 지금까지 세계정부 차원에서 결의된 내용은 이제 마지막 추락을 향해 치닫고 있다. 잘해 봐야 수십억 유로 규모의 구제 기금으로 어느 정도의 시간을 벌 수 있을 뿐이다. 하지만 이 시간은 현 금융 위기의 다양한 개별 현상 배후에 감춰진 근본 문제, 즉 돈의 상품 기능이라는 치명적 문제를 해결하기 위해 시급히 사용되어야 할 것이다. 돈이 상품 기능을 하게 되면 경제순환에서 안정적이고 투명하며 중립적인 교환 수단이 아닌 불안정하고 불투명하며 편파적인 재분배의 도구가 된다.

그렇다면 현 상황에서 취해야 할 조치는 무엇인가? 돈의 상품적 성격을 걷어 내고 새로운 의미의 돈을 고안해야 할 것이다. 금융계를 바로잡기 위해 순수 허구 자본을 증대시키는 특정 금융 상품을 금지하는 일만으로는 충분하지 않다. 국제 외환 거래에 부과하는 금융거래세인 토빈세Tobin's Tax의 도입 또한 근본 문제를 제거하지는 못할 것이다. 그보다는 최근 수십 년 동안 자행되어 온 빈자에서 부자로의 막대한 재분배를 반드시 포기해야 한다! 막대한 부채는 막대한 자산이 사라져야만 감소한다는 사실을 대중 앞에서 명백히 설명할 용기 있는 정치가가 필요하다. 또한 소수의 자본이 다수의 자본이 되어야 한다는 사실을 단호하게 지지하는 정치가가 필요하다. 이 같은 조건하에서만 시장경제가 제대로 작동할 수 있기에 이는 좌파적 요구뿐 아니라 자유주의적 요구가 되어야만 한다(여기서 말하려는 바는 자산의 차이를 완전히 평준화하자는 것이 아니다. 모든 사람은 재능과 경험이 서로 다르기 때문에 얻고자 하는 바도 다르며, 이루어 내는 성과도 다르다. 그렇기에 자산의 차이는 서로 다른 성과에 기인해야 하며, 자동적인 자산 재분배에 기인해서도, 우리 사회에서 보이는 것처럼 기이한 형태를 띠어서도 안 된다. 자산의 차이가 점점 커질수록 사회적 긴장감이 커질 뿐 아니라, 시장경제의 기능이 붕괴되기 때문이다). 따라서 우리가 필요로 하는 사람은 돈이 일할 수 있다는 잘못된 생각을 극복하고 실제 삶에서의 실제 성과만이 현실적 풍요를 가져온다는 사실을 주장하는 정치가다.[45]

하지만 그러한 정치가가 보이는가? 그렇지 않다! 지금의 정치가들이 시대의 징조를 인식하고 '행운의 편지'식 경제에 대한 효과적인 조치를 마련하리라는 기대는 마치 숨어 있는 12번째 이맘이 마른 우물에서 기어올라 와 세상의 통치권을 떠맡을 거라는 시아파의 믿음처럼 의심스럽기만 하다. 왜 그럴까? 대답을 찾기 위해 우리는 지적 수준이 바닥인 정치 세계로 여행을 떠나야 한다.

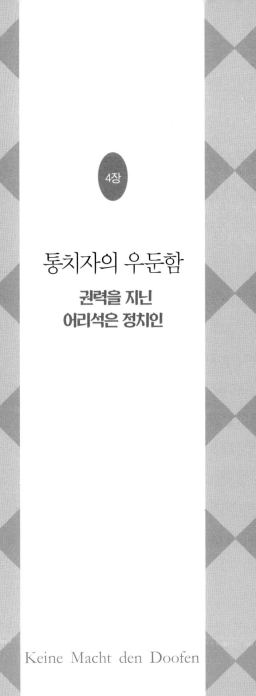

4장

통치자의 우둔함

권력을 지닌
어리석은 정치인

Keine Macht den Doofen

Keine Macht den Doofen

독자 여러분은 어떤지 모르겠지만 나는 선거 때 어느 정당에 표를 던질지 결정하기가 점점 더 어렵다. 가끔 나는 옛 스폰티Sponti(1970년대부터 1980년대까지 활동한 좌파 정치인-옮긴이)들이 "선거가 무언가를 변화시킬 수 있다면 이미 오래전에 금지되었을 것이다!"라고 한 말이 맞는 게 아닌지 자문해 본다. 현재 내가 겪고 있는 문화적 피로Cultural Fatigue 증후군을 사회학자들은 정치에 대한 실망이라고 표현한다. 하지만 정치가에 대한 실망이라는 표현이 더욱 적합할 것이다. 나 역시 대다수 국민처럼 국가의 핵심 과제가 정치 계층에 부여된다는 사실에 한 치의 의심도 품지 않는다. 다만 이 과제를 수행하기 위해 임명된 사람이 이에 필요한 자질을 갖추고 있는지에 의구심을 느낄 뿐이다.

분명히 말하면 여기서 다루는 내용은 개별의 문제가 아닌 구조의 문제다. 이미 20년도 더 전에 에스터 빌라Esther Vilar는 정치를 "우둔함의 매혹적인 빛"이라 규정했다.[46] 실제로 정치판에서는 창의적이면서 감정을 이입할 줄 알고 고민하는 인간을 장려하기보다 오히려 방해하는 행위가 이루어져 왔다. 독창적이면서 상상력과 감수성이 풍부한 사람이 직업 정치인에게 요구되는 온갖 단조로움과 편협함, 기회주의적 위선의 강압을 어찌 극복할 수 있겠는가? 이미 처음부터 기회주의적 성향이 확실한 어리석은 사람이 정치판에서 유리하지 않겠는가?

에스터 빌라는 다음과 같이 말한다. "어떻게 사람이 수십 년 동안 빈말 속에서 허우적거리며 상투어를 입에 달고 살 수 있을까? 어떻게 지치지도 않는 꾸준한 열정으로 끊임없이 정당 강령을 바꾸는 짓을 저지를 수 있을까? 어떻게 결코 지킬 수 없는 일임을 뻔히 알면서도 선거기간에 그 모든 공약을 태연히 발표할 수 있을까? …… 이런 행위로 국민에게 가까이 다가갈 수 있다는 생각 자체가 우스꽝스럽다는 것을 왜 모를까? 정치판에서는 상류 계층의 신사가 얼굴에 검댕이 묻은 노동자들에게 마치 평생 친구가 되기를 꿈꿔 왔다는 듯이 친근함을 표한다. …… 기업가에게는 임금노동자의 끊임없는 불만족이 유감스럽다 말하고, 돌아서서 임금노동자에게는 기업가의 이윤 탐욕을 지적한다. 그리고 다음 문제로 넘어가 모든 것을 처음부터 다시 시작한다. 악수, 어깨 두드리기, 친구 맺기. 아무도 답하지 못하는 질문하기, 아무도 듣지 못하는 대답하기. 그리고 이 모든 것이 매주 매일 16시간 간격으로 이루어진다."[47]

"가장 완고한 사람, 지칠 줄 모르는 사람, 가장 상냥하게 악수하는 사람, 어깨를 두드리는 사람, 빈말을 늘어놓는 사람, 주구장창 회의 자리에만 앉아 있는 사람이 몇 년 혹은 몇십 년이 지나면 결국 연방 하원의원, 차관, 국무총리, 대통령이 되는"[48] 추세에 비추어 볼 때 이들을 정치 문제를 해결하는 자질이 결핍된 존재로 보는 것은 당연한 이치다. 빌라는 여기서 의회 민주주의의 근본 문제를 지적하고 있다. 이 같은 전제 조건하에서 정치는 "조야한 것이 섬세한 것을 지배하고, 무신경함이 민감함을 지배하고, 진부한 것이 특수한 것을 지배하고, 가짜가 진짜를 지배하고, 무정신이 정신을 지배하는 것밖에 될 수 없다."[49]

물론 정당마다 개인적인 무결함, 상상력, 섬세함을 잃지 않고 시스템을 용감히 헤쳐 나가는 똑똑하고 민감하며 개혁적인 정치가는 존재한다. 그러나 이들은 모든 정당 내에서 빈말만 늘어놓고 강압적으로 괴롭힘을 가하는 사람들이나 아둔한 직업적 기회주의자 세력에 비할 바 못되는 소수에 불과하다. 내가 지난 수년 동안 (토크쇼나 토론 무대, 서신 교환 등을 통해) 정계 대표자들과 대립해 보지 않았다면 이처럼 냉혹한 비판을 가하지 않았을 것이다. 이들과 접촉할 때면 나는 늘 상상도 할 수 없을 정도의 무지의 나락을 경험했다. 이 점에서 이 책의 도입부에 명시한 "지배적인 어리석음은 곧 지배자의 어리석음이기도 하다."는 명제는 단순히 언짢은 말장난에 불과한 것이 아니라 씁쓸한 현실을 보여 준다. 우리가 지금까지 관찰했던 모든 형태의 바보 같은 짓, 이를테면 어리석은 종교 행위, 어리석은 생태 행위, 어리석은 경제행위가 정치의 영역에서 모든 것을 총망라하는 메가톤급 어리석음, 즉 어리석은 정치 행위로 통합되기 때문이다.

정치의 성자 같은 순진함

이제 정치에서 보이는 어리석은 종교 신드롬을 입증하는 데서부터 논의를 시작하려 한다. 먼저 다행스러운 점은 이란 대통령 아마디네자드처럼 완전히 어리석은 종교인이 서구 민주주의 정치인 중에는 (조지 부시George W. Bush가 남긴 인상이 여전히 오래가기는 해도) 드물게 나타난다는 점이다. 이는 어리석은 종교적 사고 체계에서 모든 통치권이 아래, 즉 국민으로부터가 아니라 위, 즉 신에게서 온다는 점만 보아도 당연한 일이다. 다시 말해 어리석은 종교 행위와 민주주의는 본질적으로

서로 연관성이 없다. 하지만 서방국가의 의회나 정부에 전투적인 신의 전사가 없음에도 불구하고 자유주의적이고 비종교적인 사회에서의 정치 역시 어리석은 종교 뇌벌레에 의해 놀라울 정도로 좌지우지되고 있는 것이 현실이다.

이 같은 사실은 고위 정치인들이 공중파로 방송되는 교회 예배에서 누가 맨 앞좌석에 앉을 것인지를 두고 치열하게 경쟁하는 모습에서 확인할 수 있다. 많은 고위 정치인이 독실한 신자의 면모를 열렬히 드러냄으로써 정치뿐만 아니라 교회에서도 중요한 위치를 차지하고 있다(이를테면 독일 가톨릭 중앙위원회나 독일 개신교 자문위원회 등). 그리고 그들은 (주목할 정도로 모든 정치 진영을 휘젓고 다니며) 이른바 기독교 가치를 맹세하는 연설을 하는 데 온갖 노력을 쏟는다. 그러나 사람들은 정치계의 남녀 인사들이 자신이 내뱉는 말에 대해 조금이라도 제대로 알고 있는지 강한 의구심을 품는다.

수많은 예 중 하나만 소개한다. 전 독일 가족부 장관이자 현 노동사회부 장관인 우르줄라 폰 데어 라이엔Ursula von der

Leyen(물론 그녀가 정치판에서 가장 어리석은 인물을 대표하는 것은 아니다)은 2006년 보도 기자들 카메라 앞에서 "독일 기본법의 19개 조항이 십계명의 원칙으로 요약"될 수 있다고 선언했다.[50] 누가 이런 생각을 할 수 있겠는가? 분명 그녀는 독일 헌법 원문의 특별 판본을 가지고 있을 것이다. 도대체 언제부터 독일 기본법이 신앙의 강요와 연좌제,[51] 노예제도, 여성 불평등[52]과 같은 십계명의 내용을 모두 합법으로 인정하고 있었단 말인가? 더 자세히 말하면 언제부터 십계명이 불가침·불가양의 인권(기본법 제1조), 자신의 인격을 자유로이 발현할 권리(제2조), 남녀평등(제3조), 종교적·세계관적 고백의 자유(제4조), 또는 의사 표현의 자유, 언론의 자유, 예술의 자유, 연구의 자유(제5조)의 허용에 관한 내용을 담고 있었단 말인가? 이런 권리는 십계명의 교리에 담겨 있지 않을 뿐 아니라, 오히려 《성서》의 전체적 방향과 해결할 수 없는 모순을 이루고 있다!

역사적으로 고찰해 보면 이 대립이 쉽게 이해된다. 수십 세기 전에 《성서》를 쓴 사람들이 어떻게 후대의 문화적 발전 단계에서 생성될 수 있었던 기본권을 만들 수 있었겠는가? 모세가 시나이 산에서 전설적인(완전히 꾸며진) 하산을 할 때 십계명 대신 인권에 대한 계명을 짊어지고 내려왔다면 이것은 틀림없는 기적, 아니 신의 존재를 입증하는 증거일 것이다. 하지만 이 같은 일은 종교 역사 전체를 통틀어 단 한 번도 일어나지 않았으며, 오히려 이를 통해 종교사회학의 근본 인식 중 하나가 되풀이되어 입증되었다. 즉 신과 그들이 만든 그때그때의 계명은 인간이 역사 속에서 자신의 환상으로 그때그때 만들어 낸 계명과 거의 똑같을 정도로 영리하거나 아둔하다는 것이다.

이 근본적 한계로 인해 종교는 어쩔 수 없이 보수적일 수밖에 없다. 종교는 현재나 미래에 걸맞은 새로운 가치를 만들어 내지 않고, 지난 시대의 진부한 생각을 현재의 시간으로 옮겨 놓는 문화적 타임머신이다(종교 근본주의자와 계몽된 신자의 차이는 시대에 뒤진 진부한 도덕관념을 현시대로 옮겨 놓는 행위를 얼마만큼 여과시킬 수 있는지에 있다. 일부 계몽된 신자의 경우 이 문화적 필터가 매우 높게 설정되어 있어 신빙성 있는 종교 내용도 거의 통과되지 못한다. 엄밀히 말하면 종교 근본주의자들은 더 이상 종교적으로 논거를 제시하지 않고, 비종교적으로 논증한다. 하지만 이 사실은 그들이 비종교적 논거를 종교적 인상을 주는 어법으로 위장시킴으로써 감춰진다). 이는 근대 법치국가에서 확립한 대부분의 가치가 기독교에서 파생되지 않고, 오히려 조직화된 기독교의 모순에 대항하여 수백 년 동안 지속된 해방 투쟁 속에서 획득될 수밖에 없었던 이유를 설명해 준다. 우리가 근대 법치국가의 어떤 측면에 초점을 맞추더라도(이를테면 민주주의나 인권, 권력 분배의 문제이건, 의사 표현의 자유나 성적 자유의 문제이건, 남녀평등의 문제이건 말이다) 종교는 모두 문화적 진보를 촉진하는 엔진이 아니라 브레이크였다. 그리고 이 상태는 오늘날에도 여전히 유지되고 있다! 간단히 말해 실체를 명확히 보려는 노력을 조금만 기울여도 정치인이 반복적으로 남용하는 이야기, 즉 오늘날까지 긍정적으로 각인되는 종교의 힘에 대한 옛날이야기는 공중누각처럼 와해된다.[53]

정치인이 일요일 설교에서 종교적인 엉터리 소리를 해도 자연스럽게 받아들여지는 환경에서는 그 왜곡된 사고가 정치적으로 쟁점화되지 않을 것이다. 유감스럽게도 지금이 바로 그러하다. 독일에서 이 현상은 특히 두 대형 기독교 교회에 특권을 부여하는 데서 나타난다. 심지어 정치인은 이를 위해 헌법에 따라 보장된 권리의 제한까지 감수하고 있다.[54] 예를 들어 기본법 제4조에는 어떠한 인간도 종교적·세계관적 고백의 자유로 인해 차별받을 수 없다고 명시되어 있다. 독일은 이를 기본으로 하는 유럽 차별금지법에 구속되어 있으면서도, 정치적으로 교회의 실제적 차별 행위를 재정 지원하는 데 거부감을 느끼지 않고 있다.[55]

매일 신문에 실리는 기독교 성향의 구인 광고를 생각해 보라. 의사, 심리학자, 간호사 등 인력을 찾는 광고에는 다음과 같은 의미가 함축되어 있다. 유대인, 무신론자, 무슬림은 원하지 않는다! 그리고 이런 현상은 병원이나 양로원처럼 온전히 공공자금을 지원받아 운영되는 시설에서도 마찬가지인데, 교회는 이 시설을 유지하는 데 단 1센트도 내지 않는다.

결과적으로 교회에서 운영되는 사회복지 단체인 카리타스 Caritas와 디아코니아Diakonia는 관대한 정치적 후원 덕분에 오래전부터 유럽에서 가장 큰 비정부 고용주로 둔갑했고, 그로 인해 오늘날까지 수백만의 직원들이 직무 수행을 위해 사실상 교회에 소속되기를 강요당하고 있다. 특히 이 현상은 가톨릭 시설(병원, 유치원, 양로원 등)에 고용된 사람에게 더 엄격하게 적용된다. 이를테면 이혼 경력이 있는 배우자와의 결혼이나 동성애에 대한 제재가 그 단적인 예다. 한번 자문해 보라. 이 같은 차별이 과연 21세기에 걸맞는가? 기본법을 위반하는 행위가 여전히 정부의 재정적 지원을 받는 것이 합법적일 수 있는가? 당연히 그렇지 않다. 하지만 지금까지 어떤 독일 정치가도 이 같은 공공연한 부당함에 맞서 무언가를 시도할 생각을 하지 못하고 있다〔기본적으로 이는 무척 간단한 일이다. 말하자면 입법기관은 후원받는 기업에서 세계관의 차별이 일어나지 않는다는 조건 하에 정부에서 재정 지원을 하도록 할 수 있다. 또한 책임감 있는 정치가는 나치 시대(!)에 도입된 제도, 즉 근로소득세 카드에 종교를 기입하는 제도를 없애도록 노력할 수 있다(아니, 노력해야 할 것이다!). 이 조치는 기독교 기업의 차별 정책을 완화시킬 뿐 아니라, 독일 헌법 제140조가 마침내 실현되도록 할 것이다. 이에 따라 자신의 종교적 확신을 공공연히 드러낼 의무 역시 사라질 것이다].

어리석은 종교 신드롬이 정치계에 얼마나 널리 퍼져 있는지 두 눈으로 똑똑히 본다면, 기독교 보호시설에 수용된 아동 수천 명이 겪었던 체계적인 인권침해가 어떻게 수십 년 동안 완벽히 무시될 수 있었는지 이해할 수 있다.[56] 또한 죽음의 자유에 대한 권리가 왜 여전히 허용되지 않고 있는지 그 까닭도 짐작할 수 있다. 대부분의 사람들이 오래전부터 안락사 허용을 지지하고 있는데도 정치적 측면에서는 전혀 진전이 없다. 이에 대한 책임은 무엇보다도 다음과 같은 어리석은 종교적 발상, 즉 우리는 '신이 우리에게 맡긴 삶의 주인이 아니라 관리자'[57]일 뿐이라는 생각에 있다. 이 미신과도 같은 발상 때문에 중환자들이 매일 얼마나 비참하게, 얼마나 큰 고통 속에서 하루하루 견뎌 내야 하는지는 말로 다 표현할 수 없다.

인공수정된 인간 존엄?

　이런 식의 어리석은 종교적 발상은 삶의 마지막뿐만 아니라 삶의 처음을 대하는 태도도 결정한다. 2011년 독일 연방의회에 도입된 이른바 착상 전 진단PID, Preimplantation Diagnostics에 대한 논쟁을 한번 생각해 보라. 착상 전 진단을 하는 목적은 인공수정된 수정란을 조기 진단하여 건강한 상태로 자랄 것 같은 배아만을 자궁에 착상시키기 위함이다. 사실 이 아이디어는 좋은 발상이라고 생각할 수 있다. 특히 인공수정이라는 고도의 육체적·정신적 부담을 고려한다면 말이다. 독일 연방 하원의원 대다수는 착상 전 진단을 일부 소수의 경우에 한해 허용하는 입법안에 찬성했다. 하지만 43퍼센트는 착상 전 진단을 엄격하게 금지해야 한다는 의견에 표를 던졌다. 그 정치적 이유는 무엇이었을까? 자유 법치국가의 국민이 자신에게 최선의 것이 무엇인지를 스스로 결정할 수 있을 정도로 충분히 성숙했다고 생각할 수는 없었을까? 달리 질문하면 인공적으로 만든 배아를 몸에 착상시키기 전 그 상태를 살펴볼 권리를 국가가 국민에게서 박탈해도 된다는 점에 대해 설득력 있는 어떤 근거가 있었는가?

　아니, 그러한 근거는 과거에도 지금도 없다. 착상 전 진단 허용을 결정하기 전 모든 독일 연방 하원의원에게 전해진 생명 윤리학적 감정서가 보여 주듯이 말이다.[58] 독일 연방 하원의원들은 이 감정서에 어떻게 반응했던가? 유감스럽게도 이 점에 대해서는 그리 온정적으로 표현하지 못하겠다. 독일 정치인의 서신과 팩스 내용 대부분은 사고가 박약한 지도층이 이끄는 이 나라가 왜 아직까지도 존속하는지 이상하게 여겨질 정도로 저급한 지적 수준을 벗어나지 못했다(당신이 이 책을 손에 쥐고 있는 것은 이 같은 상황 덕택이다. 정치가의 집합적인 어리석음이 없었다면 나는 '착상 전 진단'이라는 주제에 매진하지 않았을 것이고, 어리석은 자의 권력에 대해 책을 쓸 생각도 하지 못했을 것이다). 대다수의 연방 하원의원은 친장애인 정책과 친장애 정책 간의 중요한 차이를 파악하지 못했다. 수많은 정치인의 지적 능력으로는 국가가 환자와 장애인을(질환과 장애가 아니라) 모든 수단을 동원해 후원해야 한다는 생각을 끌어내지 못했다. 하지만 더 경악할 만한 사실은 많은 연방 하원의원들이 '기독교적 인간상'을 근거로 착상 전 진단의 금지 혹은 엄격한 제한에 표를 던졌다는 점이다. 그들은 '신'이 정자와 난자가 결합하는 순간 새 생명체에 '불멸의 영혼'을 불어넣는다는 자칭 '초기 기독교적 신조'를 내세워 초기 태아(여기서 말하는 태아란 거리낌 없이 얼렸다가 다시 해동할 수 있는, 감정이 전혀 없는 세포조직을 의미한다는 점을 명심하라)가 '인간의 존엄'을 지닌 '법치인'

으로서 존중되어야 한다고 설명했다.

연방 하원의원들은 정말로 자신이 한 말의 의미를 분명히 알았을까? 그들은 시험관으로 만들어진 존재에 '완전한 인간의 존엄성'이 있다고 진심으로 믿었던 것일까? 그들은 자신의 생각에 담긴 모순에 대해 진지하게 생각해 봤을까? 이를테면 왜 '신'은 모든 수정란에 '불멸의 영혼'을 부여했다가 그중 절반의 수정란에서 다시 영혼을 빼낼 정도로 끔찍하게 우유부단한지에 대해서 말이다[결국 수정란의 50퍼센트는 자연 발생적으로 다시 죽게 되는데, 이러한 이유로 신은(만약 이에 대한 책임이 신에게 있다면) '모든 시대를 통틀어 가장 위대한 낙태 전문의'로 역사에 남아야 할 것이다]. 착상 전 진단을 반대한 연방 하원의원들은 배아에 영혼이 담겨 있다는 자신의 개인적 믿음이 달리 생각하는 사람들에게는 착상 전 진단의 도움으로 보다 건강한 아이를 얻을 수 있는 부모의 권리를 빼앗을 근거가 될 수 없다는 사실을 정말로 알지 못했을까? 세계관적으로 중립적인 국가가 국민에게 특정 세계관에 구속된 태도로 권리 제한을 뻗

뻔하게 요구하는 일이 민주주의 원칙에 어긋난다는 점을 몰랐단 말인가?

두려운 일이지만, 기독교적 영감을 지닌 이 연방 하원의원들 대부분은 영혼입주설(수정된 순간 '영혼이 입주된다')이 일반적으로 주장되는 것처럼 '초기 기독교적' 내용이 아니라는 사실을 전혀 인식하지 못했다. 실제로 교회는 수백 년에 걸쳐 '점진적 영혼입주설'이라는 대안적 이론을 따랐는데, 이에 따르면 태아 단계에 이르러서야 비로소 점차로 '영혼'이 발생한다. 때문에 기독교 신학자들은 임신 3개월까지의 낙태를 합법화하는 것을 오랫동안 문제 삼지 않았다. 수정되는 순간 영혼이 입주한다는 설은 불과 150년 전에 교황 비오 9세에 의해 구속력 있는 교리로 만들어졌다. 이 기본 원칙이 세워진 배경은 그 자체로 익살극이라 봐도 무방하다. 영혼입주설이라는 이 의심스러운 교리는 비오 9세가 1854년에 이미 공식 선포한 '마리아의 원죄 없는 잉태'라는 더욱 의심스러운 교리와 관계가 있기 때문이다. 교황이 생각한 문제는 이것이었다. 잉태

된 순간의 마리아가 고전적인 견해에 따라 이성과 영혼이 없는 물질일 뿐이었다면 어떻게 그 존재를 장엄하게 추모할 수 있겠는가? 이 문제가 비오 9세를 안달하게 했다. 그는 동정녀 성모마리아에게 어느 한순간도 영혼이 없었던 적이 있을 수가 없다고 확신했기 때문이다. 결국 1869년 성모마리아의 명예를 위해 점진적 영혼입주설이 교의에서 제외되었다. 오늘날 비종교적 국가의 법이 여전히 이처럼 어리석은 종교적 행위에서 벗어나지 못하고 있음은 너무나 애석한 현실이다.

힘을 가진 어리석은 생태학자

어리석은 정치 행위 다음으로 핵심 요소인 어리석은 생태 행위를 살펴보자. 2011년 어리석은 생태 행위를 보여 주는 인상 깊은 사건이 있었다. 2010년 가을만 해도 탈원전 정책에서 발을 뺀 독일 연방정부가 일본 후쿠시마 원전 사고에 어떻게 반응했는지 기억하는가? 후쿠시마 사고 이후 독일 정부가 보인 반응은 '정치적 어리석음이 상상력의 결핍에서 비롯한다'[59]는 에스터 빌라의 진단을 또 한 번 증명해 주었다. 2011년 3

월 여당 대변인들이 취재 카메라 앞에서 뭐라고 주장했던가? 그들은 (얼굴을 붉히지도 않은 채) 후쿠시마에서 벌어진 그 극적인 사고를 '전혀 상상할 수 없었다'고 엄청 진지하게 설명했다.

이 무슨 이성을 상실한 설명이란 말인가? 원자력에 반대하는 결정적 논거는 로버트 융크Robert Jungk의 1970년대 베스트셀러 《원자력 제어Griff nach dem Atom》와 《원자력 제국Der Atomstaat》을 통해서도 이미 대중적으로 널리 알려지지 않았던가? 체르노빌 사건 이후 또 다른 대재앙이 일어나기까지의 25년 동안 원자로 용해의 심각성을 몰랐다는 말인가? 결코 만회할 수 없는 재앙으로 인간의 불완전함을 벌하는 과학기술을 사용하는 일이 무모하다는 것을 정치는 이미 오래전에 인식했어야 하지 않는가?

정치가가 무엇보다 논거에 따라 행동하는 존재라면 이에 대해 명확히 답할 것이다. 즉 오성을 가진 인간이라면 세상의 어떤 보험회사도 보장하려 들지 않을 만큼 끔찍한 위험을 안고 있는 과학기술에 의지하지 않을 것이다! 그러나 정치판에서는 논점을 합리적으로 고려하는 문제보다 권력을 사회적으로 분배하는 일이 더 중요하다. 정치가는 객관적으로 올바르더라도 정치적으로 관철할 능력이 없는 논점을 따르지 못한다. 그들은 이해관계의 네트워크에 걸려들었고(동시에 붙잡혔고), 그 이해관계 사이에서 약삭빠른 전술을 펼쳐야 한다. 이를테면 자신이 대변하는 당의 이해관계, 더 많은 득표를 위한 선거의 이해관계, 나방이 불빛을 쫓듯 떼 지어 모여드는 로비스트들의 이해관계 말이다.

바로 이런 이해관계로 결성된 집합체인 기민·기사-자민 연합, 이른바 흑황연정이 2010년 가을 생태적 사고에 거슬러, 이미 결정된 탈원전 정책에서 발을 뺐다. 두 정당은 핵에너지 확대에 깊이 관여함과 동시에 유권자에게 핵에너지의 안전성과 효율성을 포괄적으로 납득시켰다. 체르노빌 원전 사고는 한편으로는 기억 속에서 사라졌고, 다른 한편으로는 놀랍게도 그 원인이 몰락한 구소련의 사회주의경제가 실패한 탓으로 돌아갔다. 이는 다시금 두 정당의 선거공약과 유권자의 여론에 완벽하게 맞아떨어졌다. 이들 두 정당이 기존의 원자로로 부터 되도록 많은 수익을 보려는 대규모 에너지 회사와 긴밀한 관계를 맺고 있었음은 물론이다. 이해관계에서 이토록 강한 의견의 일치를 보았는데 핵에너지와 잘못된 정치 진영에 대한 비판을 선동하는 이론가의 말에 귀 기울일 이유가 있었겠는가?

후쿠시마 사고가 일어나지 않았다면 정치인들의 현실적인 정치 계산은 이루어지지 않았을 것이다. 하지만 바로 그 측면에서 후쿠시마 사고는 모든 것을 바꾸어 놓았다. 논쟁의 본질은 변하지 않았지만(핵에너지의 유용성은 후쿠시마 사고 전이나 후나 물론 '안전하다') 일반적 분위기는 급변했다. 말하자면 유권자들의 동의가 사라졌고, 여당은 압박감을 느꼈으며, 전기회사도 계속해서 원자력 에너지를 사용해 전기를 공급하다가는 고객을 잃을 수 있다는 불안감에 직면했다. 결국 여당 정치가들은 핵에너지 정책의 방향을 소란스럽게 180도 전향했다. 이는 그들이 돌연히 탈원전 정책의 정당성을 논쟁적으로 확신하게 되어서가 아니라(앞서 말했듯 정황은 그대로였다), 후쿠시마 사고 이후 권력의 정세(이해관계의 정세)가 급격하게 변화했기 때문이다.

유전자 없는 토마토?

이 같은 정세 변화로 말미암아 녹색당이 가장 큰 이득을 보았다는 사실은 그리 놀랍지 않다. 어쨌든 녹색당은 이미 수십 년 전부터 핵에너지 이용을 단호히 반대하는 입장이었기 때문이다. 이러한 이유만으로 사람들이 환경문제에 있어 녹색당이 다른 당보다 더 큰 권한을 갖고 있다고 생각하는 것은 아니다. 하지만 녹색당 역시 어리석은 생태 행위로부터 자유롭지 못하다. 이 사실은 녹색 유전공학Green genetic engineering[녹색 유전공학이란 식물에 응용되는 유전자조작 기술을 뜻한다. 이와 비교하여 적색 유전공학Red genetic engineering은 적색 혈액을 가진 유기체(척추동물)에 대한 유전자조작 기술을 의미한다]을 엄격하게 반대하는 녹색당의 정책 면에서 가장 명확하게 나타난다.

유전자 변형 식품이 건강을 위협하고 생태학적으로 위험하다는 의견은 제대로 된 녹색당 정치인이라면 누구나 갖고 있는 확고한 신조다. 그런데 주목할 점은 원자력발전소 비판 신드롬 이후 이러한 녹색당만의 독자적 특성이 사라졌다는 것이다. 이제는 모든 당의 정치인이 유전자 변형 식품의 위험성으로부터 유럽 시장을 보호하는 데 두각을 나타내고 있기 때문이다. 그렇다면 정치층에서 이토록 현저한 의견 일치가 이루어진 이유는 무엇일까? 학문 연구에서 유전자 변형 식물의 위험성이 입증되었기 때문에? 아니다. 현실 정치인이 그런 연구 따위에 감명받을 리 없다. 예나 지금이나 정책 결단을 내리는 데 논쟁상의 정황은 중요하지 않다. 단지 일반적 이해관계의 정황이 중요할 뿐이다. 다시 말해 모든 당의 정치인이 유전자 변형 식품을 맹렬히 비난하는 이유는 첫째, 유럽의 생태 농업조합뿐 아니라 전통 농업조합의 이익을 도모하기 위해서이며, 둘째, 국민 사이에 이미 이 같은 식품에 대한 불안감이 강하게 조성되어 있어 그 반대 행위는 곧 정치적 자살행위와 같기 때문이다.

모든 대규모 학술 단체가 녹색 유전공학에 대해 정치계와는 완전히 다른 평가를 내리고 있는데도 이를 불쾌하게 여기는 사람은 아무도 없다. 여기서 확실한 사실은(이 분야에서 합리적으로 논쟁에 관여할 용의가 있다면 말이다. 고백하건대 과거 그린피스 회원이었던 나도 오랫동안 그렇게 하지 못했다. 1997년 완성한 내 박사 학위 논문 〈사회참여에서 나온 인식Erkenntnis aus Engagement〉에서 나는 녹색 유전공학이 원자력과 흡사한 잠재적 위험을 지녔다고 적었다. 논문을 쓸 당시 진화 생물학과 유전학에 대한 문제가 충분히 집중적으로 다루어지지 않았었기 때문에 설득력 있다고 생각했던 논거를 무비판적 자세로 수용한 결과였다) 일반적으로 유전자 변형 식품이 전통 농산품에 비해 환경 파괴나 건강 위협, 알레르기 반응 등을 덜 일으킨다는 점이다.[60] 이에 비추어 볼 때 유전자 변형 식품은 심지어 '유기농 농작물'을 능가한다고 평가할 수도 있다. 무엇보다 녹색 유전공학은 장기적으로 높은 수확량을 낸다는 점에서 뛰어나다. 특히 생태학적으로 불리한 조건을 갖춘 지대에서 더욱 유용하게 활용될 수 있다.

독일인 노벨상 수상자 크리스티아네 뉘슬라인폴하르트 Christiane Nüsslein-Volhard는 "녹색 유전공학을 식물 재배에 응용하면 친환경적 토지 경작과 환경보호, 종의 다양성 유지 및 건강 증진에 미개척된 잠재력을 제공한다."고 단언하면서 연구 상황의 핵심에 도달했다. 장점은 분명하다. "나방과 균류 피해, 바이러스, 선충에 강한 저항력을 가진 식물은 농약을 살포하지 않아도 된다. 불리한 재배 조건, 이를테면 염분, 석회, 건조 지대에 더욱 잘 적응하는 식물이 재배되고 경작될 수 있기 때문에 황무지가 다시 비옥해질 수 있다."[61] 물론 어떤 뛰어난 기술이든지 그 안에는 기회와 함께 위기가 존재한다. 그런데 녹색 유전공학의 경우에는 놀랍게도 학술계의 판단이 일치한다. 즉 녹색 유전공학의 엄격한 거부는 (환경보호가가 일반적으로 받아들이는 것과 달리) 생태학적 전망의 표현이 아니라, 생태·경제학적 비이성의 표현이라는 것이다.

자세히 들여다볼수록 녹색 유전공학을 반대하는 광범위한 히스테리가 까다로운 유럽인의 호사스러운 망상이라는 인상을 지울 수 없다. 유럽인은 비합리적이고 낭만적인 생태학적 신화를 추구할 만큼 여유롭기에, 극빈자에게 더 나은 미래의 가능성을 제공하는 기술의 경제적·생태학적 잠재력을 알아내려 하지 않는다. 거의 전적으로 부유한 나라에 널리 퍼져 있는 유전자 변형 식품에 대한 불안감은 무엇보다 무지에서 비롯된다. 1990년대 말 실시된 설문 조사에 따르면, 유럽 시민 35퍼센트와 미국 시민 65퍼센트가 전통 방식으로 재배된 토마토에 유전자가 들어 있지 않다고 생각했다. 또한 그 이상의 시민들이 약 1만 2,000년 전부터 우리 인간이 지속해 온 전통적 재배 역시 당연히 유전자 개입과 관련돼 있다는 사실을 잘 모르고 있었다. 전통적 재배와 현대 녹색 유전공학의 근본적 차이는 다만 오늘날의 유전자 개입이 일정한 목표를 가지고 보다 의도적으로 수행된다는 점뿐이다.[62] 물론 새로운 생명공학 기술을 사용하면 낯선 종의 유전자 정보가 농작물의 게놈Genom으로 잠입할 수 있다. 이런 '수직적 유전자 전달'은 실제로 우리 인간에게 낯선 기술이지만, 그렇다고 많은 사람이 생각하듯 비자연적인 것은 아니다. 자연 속 식물은 이미 수백만 년 전부터 다른 유기체와 바이러스의 유전자 시퀀스를 받아들여 왔기 때문이다.

많은 유럽인이 녹색 유전공학을 '비자연적'이라며 거부하는 현상은 생명공학에 대한 지식 부족에서 기인할 뿐 아니라, 자연에 대한 부적절한 이해에서 비롯된다. 자연이 끊임없이 진화를 거듭하고 있고, 유기체의 게놈이 인간의 개입 없이 저절로 변화되고 있는데도 여러 환경 운동가들은 여전히 자연을 특정 상태로 보존해야 하는 정적인 것으로 인식하고 있다. 그러나 우리 인간은 결코 낯선 유기체의 유전자에 개입하는 유일한 생명체가 아니다. 이러한 개입은 이미 수십억 년 전부터 미생물에 의해 수행되고 있다. 간단히 말해 인간이 다른 유기체의 유전자를 변화시키는 일종의 '원죄'를 저지르고 있다는 의식은 어리석은 생태학적 신화에 불과하다. 이런 신화는 특히 다음 세 가지의 반진화적 출처에서 파생된다. 첫째, '신이 만든 종의 불변성'에 대한 신학적 신화(다윈은 이를 반박했다), 둘째, '훼손되지 않은 자연'이라는 낭만적 신화(이 신화는 자연에서 실질적으로 우세한 모든 악을 무시한다), 셋째, '우주적 조화' 속에 존재하는 농업의 인지학적 신화〔이에 따라 식물을 '본질에 맞게' 재배하려 하므로, 녹색 유전공학뿐 아니라 일반 밀과 스펠트Spelt밀(밀의 일종으로, 일반 밀과 유사하지만 학명상 구분된다. 스펠트 밀은 소화 흡수 증진, 면역력 증강, 콜레스테롤 경감 등의 효과가 있는 건강식으로, 밀 알레르기가 있는 사람도 먹을 수 있다-옮긴이)의 교배도 금지된다〕.

여기서 확실히 해야 할 점이 있다. 유전자 변형 식품에 유기농 표식을 붙이면 안 된다는 주장은 유전자 변형 식품이 비환

경적이거나 건강에 해롭기 때문에 나온 것이 아니다. 오히려 다른 관점에서는 가치가 큰 생태 농업에 대해 처음부터 품고 있던 비합리적(부분적으로는 정치적 반응이기도 한) 사고가 발현된 것이다.[63] 생태 운동 내의 이러한 비합리적 생각은 전혀 비판적으로 고찰되지 않았기 때문에 생태 농업의 로비 정당인 동맹 90/녹색당Bündnis 90/Die Grünen(통일 이후 독일 녹색당의 정식 명칭. 1980년 창당한 서독의 '녹색당'과 동독의 '동맹 90'이 통합되어 결성된 독일의 환경·평화주의 정당—옮긴이)을 통해 정치에까지 이르렀다. 물론 다른 정당들 역시 녹색 유전공학과 관련한 이슈를 받아들이기까지 얼마 걸리지 않았다. 이는 최근 일어난 갖가지 식품 스캔들 이후 깊은 불안감에 떠는 많은 유권자의 입장과 일치했을 뿐 아니라, 무엇보다 유전자 변형 식품의 유입을 금지한 덕에 달갑지 않은 비유럽 경쟁 업체로부터 고상하게 보호받을 수 있었던 전통 농업조합의 이해관계와도 일치했다. 소비자는 이 같은 시장 봉쇄가 유전자 변형 재배식물로 수익을 보는 신생 산업국가와 개발도상국에 엄청난 손실을 주었다는 사실을 전혀 알지 못한다. 녹색 유전공학에 반대하는 정책이 전적으로 소비자의 건강을 위한 것이라고 잘못 알고 있기 때문이다.

현대 생명공학을 대하는 합리적 자세는 녹색 유전공학을 몹쓸 것이라 저주하지도, 모든 문제를 해결하는 기적의 수단으로 칭송하지도 않는 것이다. 논점을 제대로 따르는 정치인이라면 현대 생명공학이 세계 기아 문제 해결에(물론 적합한 정치적·경제적 제반 조건이 이루어져야 한다는 전제하에서만) 도움이 될 수 있음을 깨달아야 한다. 중요한 문제는 녹색 유전공학이 도입되어도 되는지가 아니라(그렇게 하지 않는다는 것은 무책임한 일일 것이다), 어떻게 하면 녹색 유전공학을 유의미하게 도입할 수 있는지를 명확히 하는 것이다. 이런 측면에서 볼 때 몬산토Monsanto 기업의 사업 방식(몬산토는 전 세계 유전자조작 식품의 90퍼센트에 대한 특허권을 가지고 있으며 46개국에 진출해 있는 세계 최대 다국적 종자 기업이다. GMO 종자에 특허권을 적용해 세계 각국의 농가를 상대로 많은 소송을 일으킨 데 대한 비판을 받고 있다-옮긴이)에 대한 녹색당과 그린피스의 비판은 명백히 정당하다. 하나의 기업이 유전자 변형 식물로 세계시장을 장악한다면 이는 상당히 끔찍한 일이 될 것이다. 다만, 그러한 독점적 지위를 녹색 유전공학의 근본적 차단이 아닌 국가 차원의 책임 있는 연구 추진을 통해 저지해야 할 것이다.

정치 업무인가, 업무 정치인가

이제 어리석은 정치 행위의 세 번째 핵심 요소인 어리석은 경제행위로 방향을 전환해 보자. 앞부분에서 이미 언급했듯이 '행운의 편지'식 금융시장 거래는 정치적 후원 없이는 절대 불가능하다. 국가가 수십억 유로의 경기 부양책과 보조금, 사회복지 시스템의 확장, 은행을 통한 구제금융이라는 원조의 손길을 내밀지 않았다면, 금융시장은 실물경제의 불합리로 인해 이미 오래전에 붕괴했을 것이다. 급진 자유주의 경제학자와 좌파 성향의 경제학자는 누구나 추측할 수 있듯 그다지 확연히 구별되지 않는다. 이들의 차이는 전자가 시장을 파괴하는 국가의 비합리성을 비판하고, 후자가 국가에 손해를 끼치는 시장의 비합리성을 비판한다는 점이다. 하지만 사실상 이들이 말하는 두 비합리성은 서로 체계적으로 결부되어 있다. 시장의 비합리성이 없다면 국가도 비합리적으로 행동하지 않을 것이며, 반대의 경우도 마찬가지다!

정치에서 벌어지는 어리석은 경제 신드롬을 나열하자면 수백 장도 모자란다. 예를 들어 허구 자본 증대의 실질 영향력에 대한 정치가의 맹목적 믿음이 그러하다. 이런 맹목적 믿음이 정치가로 하여금 국민의 노후 대책과 '행운의 편지'식 국제금융을 연결하는 비합리적 생각을 하도록 만들었다[리스터 연금Riester Pension(독일 개인연금 활성화를 위해 2002년 도입된 정부 보조금 지원 형태의 개인연금 제도다. 연금 가입 유인 수단으로 세금 혜택과 함께 1인당 200유로를 매년 보조해 주며, 자녀 한 명당 추가로 200유로의 정부 보조금을 매년 지원한다-옮긴이)]. 어리석은 경제행위를 보여 주는 또 다른 인상적인 예로 독일 세금 제도를 들 수 있다. 독일 세금 제도는 전적으로 소득 평균 중간 계층에만 부담을 주며, 최근에 이루어진 무수한 잘못된 개선책으로 매우 불투명해져서 세무서조차 뒤죽박죽인 세금 법안에 대한 개관을 이미 오래전에 잃어버렸다.[64] 진즉에 사라졌어야 마땅한 제품과 기업을 인위적으로 살려 두는 지나친 보조금 정책 역시 기이한 형태를 띠고 있다. 이 모든 예를 기술하려면 이 책에 주어진 지면의 범위를 넘어서야 할 것이다. 따라서 여기서는 정치가 우리에게 불쾌감을 유발할 만큼 주기적으로 어리석은 경제 결정을 내리는 이유에 집중해 보자.

정치적으로 어리석은 경제행위가 일어나는 주원인 중 하나는 정치 업무가 '업무의 정치'에 의해 규정되도록 하는 로비스트의 중요성이 점점 증가한 데 있다. 경제가 번영하면 모든 국민이 그로부터 수익을 얻을 수 있다는 점에서 통상적으로 경제와 정치의 유착은 긍정적으로 평가된다. 하지만 정치가 공중의 이해관계보다 일부 기업과 조합의 이해관계에 중점을 둘

경우 위험한 문제가 발생한다. 그런데 이는 몇몇 부패한 정치인에 의해서만 이루어지는 것이 아니다(여기서 정치층에 일반적인 혐의를 둔다면 잘못된 일일 것이다). 대부분이 교묘한 방식을 통해, 즉 로비스트의 전문관료주의Expertocracy 체제가 확장됨으로써 공중의 이해관계가 붕괴된다.

누구나 알고 있듯 정치인은 복합적 주제에 당면하면 언제나 '전문가'에게 자문한다. 하지만 이 전문가라는 사람은 하늘에서 떨어진 것이 아니라, 마찬가지로 정치적 결정을 내려야 하는 기업과 조합 출신인 경우가 많다. 예를 들어 교회 문제일 경우 기본 문서는 교회 간부로부터 나오고, 에너지 문제일 경우 대형 에너지 기업의 대변인이 초안 작성에 가담하며, 금융 시장의 문제일 경우 대형 은행의 이사진이 자문단을 이룬다. 이런 정황을 볼 때 정치가 공중의 이해관계보다 일부 사람의 이해관계를 더욱 고려한다는 사실은 그리 놀랄 만한 일이 아니다.

민주주의를 위협하는 로비스트의 전문관료주의 체제에 맞

서 우리가 내놓아야 하는 대안은 애초부터 명확했다. 첫째는 정치의 투명성 증대이며, 둘째는 정치 결정 과정에 국민 참여를 강화시키는 것이다. 이 같은 점에서 최근 독일 해적당Pirate Party이 유권자의 지지를 얻을 수 있었던 것은 어찌 보면 당연한 결과다. 기존 성공한 당들이 이와 관련하여 조만간 적절한 반응을 보이지 않는다면 그들은 우리가 계속 비판하는 '지배자의 어리석음'에 대한 또 다른 증거를 제공하는 꼴이 될 것이다.

어리석은 권력 게임

이 장의 제목에 이미 언급된 '통치자의 우둔함'에 대해 말할 때, 미국의 역사학자 바바라 터크먼Barbara Tuchman이 자신이 저술한 같은 제목의 저서(원제는 《바보들의 행진March of Folly》이 며 독일에서 《통치자의 우둔함Die Torheit der Regierenden》으로 번역돼 나왔다–옮긴이)에서 어떤 진단에 도달했는지 고려해 볼 필요 가 있다. 트로이부터 베트남에 이르는 정치적 어리석음에 대한 연구에서 터크먼이 내린 결론은 악의 뿌리가 '오류에 대한 고집'에 있다는 것이다. 즉 '불리하다고 입증되어도 그 불리한 것을 추구하는 태도'가 이성에 어긋나는 것인데도, '오류를 깨닫고 손해를 막기 위해 노선을 변경하는 것'이 정치에 가장 어긋나는 일이 되어 버렸다는 것이다. 터크먼은 이 근본적 어리석음의 원인을 너무나 인간적인 속성에서 보았다. 즉 정치적 이성이 "비이성적인 인간의 나약함, 이를테면 야망, 불안감, 출세욕, 체면 유지, 망상, 자기기만, 선입견"[65]에 너무나도 빈번히 굴복당하고 있다는 것이다.

자신에게 매우 불리하다는 점을 알면서도 그 오류를 고집하는 것, "내가 잘못 생각했더라도 내가 옳다"는 구호에 따라 삶을 힘들게 만드는 것은 예전부터 익히 알려진 인간의 사회 심리학적 현상이다.[66] 그런데 왜 이런 현상이 유독 정치에 그토록 널리 퍼져 있는 것일까? 이는 분명 권력의 특수한 원칙과 관련 깊다. 이를테면 권력을 장악한 사람은 자신이 저지른 실수가 드러나면 권력을 잃고 말 거라 두려워한다. 결국 그들은 경쟁 정당의 대변인이 자신의 실수를 폭로하고 그들이 더 똑똑하다는 사실을 은밀히 드러내 보일 것임을 예상해야 한다.

이 같은 정치적 지배 책략의 구조는 왜 정치 토론이 통상 불만족스러운지에 대한 이유를 설명해 준다. 철학 토론과 달리 정치 토론의 목적은 토론자의 의견을 공동으로 촉진하는 데 있지 않고 상대의 약점을 공략하는 데 있다. 설득력 있는 논거는 철학 토론에서 일종의 선물인 반면, 정치 토론에서는 자신을 향한 달갑지 않은 비판을 막기 위해 투입되는 무기다. 그러므로 다음과 같은 상황을 예측해 볼 수 있다. 이를테면 정치 토론에서 A 정당의 대변인이 특정 입장을 표명할 경우, B 정당의 대변인은 (논거의 확실성에서 벗어나) 무조건 상대의 입장이 결코 만회할 수 없는 실수라며 공격할 것이다.

바바라 터크먼이 지배자의 어리석음에 대해 쓴 시기는 1980년대지만 그 이후로도 권력 게임에서는 아무것도 달라지지 않았다. 하지만 적어도 중부 유럽에서는 다른 관점에서 주목할 만한 변화가 나타났다. 이제는 자신의 노선을 독단적으로 고수하는 정치인이 거의 없기 때문에 정치가들도 더 이상 확실하게 인식할 수 없는 노선을 따르지 않게 된 것이다. 오늘날 대부분의 정치인에게 내비게이션 시스템이 되고 있는 것은 확고한 정치적 기본 원칙이 아니라 여론조사 수치의 기복이다. 여론 시장 보고서는 현대 정치인이 따르는 신탁이 되었다. 또한 이제는 정치 세계에서 시대의 지배적 여론을 거스르는 정치가의 독자적 확신을 끄집어낼 수 없게 되었다.

요약하자면 과거 정치인이 자신의 잘못된 결정을 독단적으로 고수하는 실수를 범했다면, 오늘날 정치인은 그 반대의 실수를 범하고 있다. 즉 그들은 자신의 결정이 실수로 판명될까 두려워 결정을 내리지 않으려 한다. 이런 이유에서 정치적 결정을 아예 전문 위원회에 위임하는 일이 유행하게 되었다. 또한 정치인이 공중 앞에 등장할 때 실체 없는 내용이나 반박하기 어려운 유리한 빈말과 듣기 좋은 말, 껍데기뿐인 말을 늘어놓는 일이 많아졌다.

그렇다면 앞서 언급한 정치적 변화, 즉 과거 편협한 독단주의에서 벗어나 여론 시장에 따라 유동적으로 방향을 설정하는 현재의 정치 상황을 어떻게 평가할 수 있을까? 필요할 경우 정치인이 자신의 입장을 완전히 포기하고 유권자의 뜻에 귀를 기울이는 것(흑황연정의 탈원전 정책을 보라)은 좋은 징조가 아닌가? 아니라면 그저 단순한 개념 상실이자 번지르르한 기회주의의 표현일 뿐인가? 어쨌든 부정할 수 없는 사실은 정치권의 변혁이 역설적 결과를 초래했다는 점이다. 오늘날 많은 정당들이 과거에 비해 유권자의 동의를 얻기 위해 더 많은 노력을 기울이고 있지만, 지금처럼 이렇게 정당에 대한 유권자의 동의가 미미했던 적은 없었다.

이 현상을 어떻게 설명할 수 있을까? 방향을 상실한 줏대 없는 정치에 자신을 투영한 유권자가 자기 역시 정치와 마찬가지로 줏대 없이 방향을 상실했음을 인식하고 스스로 놀란 것이라 볼 수 있을까? 우리는 단지 자신의 어리석음을 다른 곳으로 돌리기 위해 '어리석은 정치인'을 비판하는 것일까? 씁쓸한 사실은 민주주의의 모든 권력과 어리석음이 국민으로부터 나온다는 것이다. 누가 무능력한 정치인이나 탐욕스러운 은행가, 머리가 이상한 종교인에게 검지를 치켜들고 손가락질할 수 있겠는가? 결국 아둔한 우리가 아둔한 정치, 아둔한 경제, 아둔한 종교를 만들어 내는 것인데 말이다.

우리는 이제 우리 자신의 과오를 인정해야 한다. 이처럼 바보 같은 짓을 허용할 정도로 잘못 발전하게 된 원인은 무엇인가? 아직도 이 익살극의 끝이 눈에 보이지 않는 이유는 무엇인가? 매일 세상의 빛을 보는 모든 귀여운 호모 사피엔스 아기들이 한결같이 어리석은 호모 데멘스 성인으로 자라는 일이 어떻게 가능한가? 이 질문에 대답하기 위해 어리석은 자의 권력이 우러나오는 문화적 매트릭스를 살펴보도록 하자.

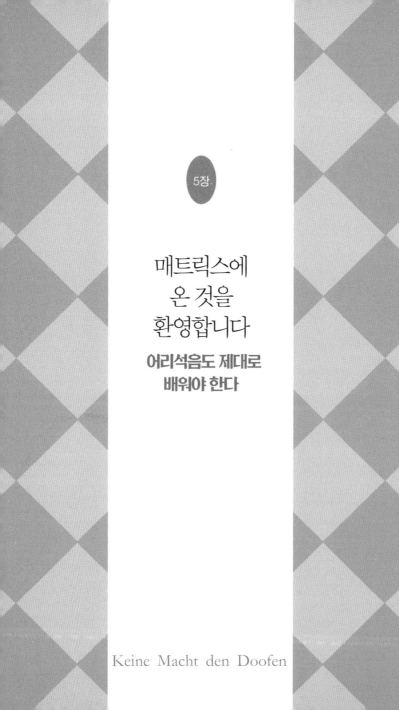

5장

매트릭스에
온 것을
환영합니다

어리석음도 제대로
배워야 한다

Keine Macht den Doofen

Keine Macht den Dooden

지그문트 프로이트는 이미 오래전에 "건강한 아동의 빛나는 지능과 평균 성인의 사고 박약 간의 유감스러운 차이"[67]에 의구심을 가졌다. 그는 이 '상대적 부진함'의 주원인 중 하나를 '종교교육'에서 보았다. 프로이트는 종교 교리에 대한 이해력이 충분히 형성되지 않은 아동기부터 이를 주입하는 상황을 비판했다. 이른 시기에 종교 교리에 노출되면 "아동의 사고가 깨어났을 때 이미 종교 교리는 공격할 수 없을 정도로 무결

점의 것이 되어 버리는"[68] 결과가 나타난다. 프로이트에 따르면 바로 이 점이 인간의 사고 능력을 장기적으로 축소시킨다. "종교 교리를 통해 주입된 온갖 부조리함을 비판 없이 받아들인 사람의 사고가 박약함은 그리 놀랍지 않다."[69] 따라서 정신분석의 아버지 프로이트는 환상과 사고 박약을 만드는 전통 교육을 '현실 교육'으로 대체해야 한다고 촉구했고, 비록 이것이 유토피아적 목적이기는 하지만 언젠가(프로이트는 확신했다) '낮은 이성의 목소리'가 이를 성취해 낼 수 있을 것이라 전망했다. "지성이 우위를 차지하는 날은 분명 머나먼 미래겠지만 끝없이 먼 미래는 아닐 것이다."[70]

프로이트가 이 견해를 피력한 후로 80년 이상이 지났지만, 오늘날의 상황을 이보다 더 적절하게 표현해 주는 말은 없다. 오늘날에도 우리는 '현실 교육'으로부터 너무 동떨어져 있고, 종교적 비합리성은 여전히 사고 능력을 악화시키고 있으며, 아이들 역시 전과 다름없이 부조리한 종교적 뇌벌레에 감염되고 있기 때문이다. 물론 문제를 아주 단순화시키자면, 지적인 아동이 사고 박약의 성인으로 변모하는 '상대적 부진함'의 원인을 오직 종교교육에서만 찾을 수도 있을 것이다. 어리석은 종교 행위를 교육하는 일은 문화적 매트릭스 내에 존재하는 많은 뇌벌레 하위 프로그램 중 하나이기 때문이다. 문화적 매트릭스는 우리가 자신의 생물학적 가능성을 제대로 끌어내지 못하고 있다는 사실조차 깨닫지 못하게 할 정도로 인간을 완벽히 조작한다.

이 같은 정황을 이해하려면 우선 자연과 문화의 관계에 대해 알아보아야 한다. 첫째, 인간은 '아무것도 쓰이지 않은 종이'로서, 그리고 그저 주어진 생물학적 프로그램을 돌려야 하는 유전자 로봇으로서 세상에 태어난 것이 아니다. 오히려 인간은 태어나면서부터 문화적인 존재라고 말할 수 있다. 다시 말해 생물학적으로 그렇게 형성되었고, 동시에 문화적으로도 유동적인 존재다. 둘째, 우리 문화는 예전처럼 생물학적 결함의 표현이 아니라 생물학적 풍요로움의 표현이다. 매우 복합적인 생물학적 프로그램만이 변화된 환경에 적응할 수 있기 때문이다. 셋째, 과거에는 인간과 침팬지의 문화가 오늘날처럼 현저하게 구별되지 않았지만, 그 시기에 이미 차후 인간의 문화 팽창을 가능하게 한 생물학적 차이가 존재했음이 분명하다. 이런 맥락에서 볼 때 대답하기 어려운 문제가 있다. 즉 인간의 생물학적 특성이 침팬지와 어떻게 달랐기에 수렵 및 채집 생활을 거쳐 대도시의 노이로제 환자로 발전할 수 있었는가 하는 것이다. 이 질문에 대한 대답은 인간이 모방을 가장 잘하는 원숭이이기 때문이라는 것이다. 이 말은 모멸적으로 들릴 수 있겠지만, 인간 문화를 이해하는 데 아주 중요한 의미가 있다.

실제로 인간의 뇌는 인간이 진정한 모방의 대가가 되도록 진화해 왔다. 바로 이런 측면에서 인간은 침팬지보다 현저하게 우월하다. 진화 생물학자 토마스 융커Thomas Junker에 따르면, "침팬지와 아동의 학습 행동을 비교했을 때, 침팬지보다 아동의 모방이 더 정확도 높게 나타난다. 침팬지는 실용적 목표를 향해 행동하는 반면, 아동은 다른 아동의 행동을 (일부 경우에는 덜 효과적인데도) 똑같이 모방하려고 한다."[71] 그렇다면 여러분은 이러한 정확한 모방이 왜 중요한지 궁금해할 것이다. 이에 답하자면 모방은 사회적 학습경험을 성공적으로 전달하기 위한 결정적 근본 토대, 즉 모든 전통 형성을 위한 바탕이 되기 때문이다. 인간이 타인의 행동을 완벽하게 모방하고자 마음먹지 않았다면 언어도 학습하지 못했을 것이며, 읽기, 쓰기, 셈과 같은 복합적인 문화 기술, 나아가 학문과 철학, 예술을 발전시키지 못했을 것이다. 다른 말로 표현하자면, 인간의 정확한 모방 능력은 곧 모든 문화 업적의 뿌리인 동시에 모든 어리석음의 뿌리이기도 하다.

그 이유는 무엇일까? 인간은 자신의 문화 속에서 발견한 모든 것, 비록 그것이 매우 조야하고 뇌를 좀먹는 바보 같은 짓이더라도 모방하도록 프로그램화되어 있다! 아이의 경우 이러한 무조건적인 모방은 생활에 필수적이다. 아이가 자신이 이해하지 못하는 소리를 모방하지 않는다면 결코 언어를 습득할 수 없을 것이다. 또한 아이가 자라 세상에서 방향을 설정할 때 좋든 싫든 주위 환경에 노출되게 되는데 호기심 가득한 아이는 자신에게 제공되는 온갖 정보를 빨아들인다. 이때, 초년 시절의 아이는 보호자의 말이 옳다고 여기며 무한한 신뢰를 갖는다. 이는 무엇보다 아이 자신의 세계상이 아직 확고히 설정되지 않아 보호자의 말을 근거로 의견의 조화(주장의 옳고 그름)를 검증하기 때문이다. 하지만 시간이 지나면서 아이는 세상에서 주입된 온갖 관점을 축적하고 습득하며, 이를 근거로 자신의 생각을 사실과 거짓, 옳고 그름, 아름다움과 추함으로 규정한다. 바로 여기서 '문화적 매트릭스'의 개념이 이해된다. 다시 말해 문화적 매트릭스란 개인의 사고, 감정, 행동 습관을 사회적으로 규격화하는 프로그램인 것이다.

이 규격화 프로그램은 자연히 역사적 상황에 좌우된다. 오늘날 이 프로그램은 노예제사회나 십자군 시대, 냉전 시대와 현저하게 다른 양상을 띠며, 장소에 따라서도 매우 다르게 나타난다. 예를 들어 서유럽의 문화적 매트릭스는 러시아나 중국, 인도, 사우디아라비아, 이란의 규격화 프로그램과 확연히 구별된다. 하지만 이 같은 역사적·지역적 차이에도 커다란 공통점은 존재한다. 그것은 바로 인간이 창출한 모든 문화가 되도록 일찍 자기 후손을 형성하는 일에 큰 가치를 부여했다는 점이다.

문화가 기초적인 문화 기술과 함께 세상에 대한 확고한 지식을 후세에 전달하는 데 만족했다면 아무 문제 없었을 것이다. 하지만 호모 데멘스는 역시 일을 더 복잡하게 만들었다. 문화적 표상이 비현실적이고 불합리하며 기이할수록 이를 후손의 머리에 이식하기 위해 더욱더 많은 비용과 노력을 들이고 있는 것이다.

이데올로기적 아동 학대

이 현상에서 가장 명백한 사례가 종교교육이다. 프로이트도 이에 동의했다. 무방비 상태의 아동에게 미리부터 가정과 유치원, 초등학교, 나아가 교회의 주일학교나 무슬림의 코란 학교에서 엉터리 같은 내용을 주입하는 것은 머리를 쥐어뜯을 정도로 정말 심각한 일이다. 대부분의 사람들이 뇌를 녹이는 유해 물질인 문화적 모유를 고용량으로 섭취하는 상황에서 제 기능을 하는 지성적 면역 방어 체계가 구축될 리 있겠는가?

확실한 사실은 세계 대부분의 나라에서 어리석은 종교 전염병의 심각성이 신앙적 구속력이 없는 유럽에서보다 몇 배 이상 크다는 것이다. 물론 유럽 지역 역시 초기부터 어리석은 종교 뇌벌레에 감염된 탓에 적지 않은 피해를 입었다. 예를 들면 유치원이나 늦어도 저학년의 아동에게 《성서》의 창세기를 단순한 노랫말을 가진 동요로 가르치면서, 진화 생물학적으로 모순을 이루는 인식에 대해서는 알려 주지 않는다. 독일 학생들은 10학년이 되어야 비로소 '진화'라는 주제와 세부적으로 대면하게 되는데, 그때는 이미 오래전부터 세뇌된 창조론적 사고가 머리 깊숙이 박혀 있는 상태다. 이를 뒤바꿀 수는 없을까? 이를테면 필수적인 기본 지식이 부족해 문제점을 전혀 파악하지 못하는 아동에게 의심스러운 세계관(이를테면 창조론)을 제시하기 이전에 '사물의 본성'에 대해 어느 정도 확실하게 알려진 것(진화)을 전달할 수는 없을까?

공교육 기관에서 일반적이고도 실질적으로 이루어지는 아

동과 청소년의 세계관 조작이 좀처럼 문제시되지 않는 이유는 국민 대부분이 아주 당연하게 '가톨릭'이나 '개신교', '무슬림' 아동이 실제로 존재한다고 생각하기 때문이다. 하지만 이것이 사실일까? 결코 그렇지 않다. '가톨릭'이나 '개신교', '무슬림' 아동은 '기독민주'나 '자유주의', '사회민주', '녹색' 아동과 마찬가지로 존재하지 않는다. 오늘날 가톨릭 집안의 아동에게 가톨릭 종교의 가르침을, 개신교 집안의 아동에게 개신교 종교의 가르침을 제시하듯, 기독민주연합CDU 유권자의 자녀에게 기독민주연합의 기본 강령을, 사회민주당SPD 유권자의 자녀에게 사회민주당의 기본 강령을 전수한다면 이를 어떻게 받아들여야 한단 말인가? 이것이 무수한 교화 행위, 즉 이데올로기적 아동 학대임은 누구나 명확히 인식하고 있다. 왜 이것이 종교 문제에서는 완전히 다르게 취급되는가?

아동을 선별하여 상이한 세계관을 가르칠 경우 사회의 종교적 게토화로 이어져 국가에 해를 입힐 뿐 아니라, 이 가르침을 통해 전달된 어리석은 종교 내용 때문에 개인의 사고 능력까지 해치게 된다. 감수성 풍부하고 지적인 아이가 '사랑하는 신'이 확실한 의도(!)를 가지고 거의 모든 인간과 동물을 노아의 홍수로 익사시키고, '우리의 죄를 대신하여' 자신의 아들을 잔인하게 십자가에 매달리도록 했다는 이야기를 듣는다면 어떻게 반응할지 한번 떠올려 보라. 또 자신의 부모가 일요 미사에서 이처럼 처참히 학살당한 예수와 하나가 되기 위해 그 '육체'를 먹는다는 사실을 어떻게 여길지 생각해 보라. 21세기인 오늘날까지 대부분의 인간과 매체, 정치, 문화 체제가 미성년 아동에게 이 같은 내용을 교육하는 일을 포기할 수 없는 요소로 간주하고 있으니 이 얼마나 당혹스러운 일인가?

오늘날 대부분의 부모, 심지어 종교 과목의 교사조차 '성찬의 기적'을 기독교의 다른 기본 원칙과 마찬가지로 진지하게 받아들이지 않고 있다. 그렇다고 문제가 개선되고 있는가? 절대 아니다! 자신조차 더 이상 그 의미를 믿지 못하는 제식을 가르치고 있는 상황에서, 우리는 도대체 아동들에게 어떤 교육적 메시지를 전달하고 있는가? 그것은 바로 '사고의 황폐화'

를 위한 다음과 같은 핵심 메시지다. 논거를 지키려 하지 말라. 사물의 본질을 규명하려 하지 말라. 체제의 부조리함을 거역하는 바보가 되지 말고, 어리석은 무리를 따르는 어리석은 자가 되라. 전체의 의미를 절대 묻지 말고, 지배적 관습에 자신을 적응시켜라. 설사 그 관습이 수치스러울 정도로 어리석더라도 말이다! "건강한 아동의 빛나는 지능과 평균 성인의 사고 박약 간 유감스러운 차이"가 나타나는 원인을 바로 여기서 찾을 수 있다.

모든 채널에서
나타나는 정신박약

'사고 황폐화의 원칙'은 특히 매체에서 잘 드러난다. 테오도르 아도르노Theodor W. Adorno(1903~1969, 프랑크푸르트학파 학자-옮긴이)는 이미 1940년대에 "영화관을 찾을 때마다 나는 아무리 정신을 바짝 차리고 있으려 해도 점점 더 멍청해지고 기분 나빠져 뛰쳐나오기 일쑤다."[72]라고 한탄했다. 만약 그가 지금의 멀티미디어 오락 산업의 우둔함을 대면했다면 어떤 말을 했을까? 〈빅 브라더〉, 〈정글캠프〉, 〈독일은 슈퍼스타를 찾습니다〉와 같은 프로그램에 대해 그는 어떤 코멘트를 했을까? 아도르노가 퀴즈 프로그램 〈누가 백만장자가 되려는가?〉의 유명 게스트로 참석한다고 생각해 보라. 상상도 할 수 없는 일이다!

오늘날의 매체 책임자는 프로그램 수준이 낮더라도 시청자를 그저 즐겁게 해 주면 된다는 생각을 과거보다 더 많이 한다. 애석하게도 그 결과가 성공적인 것을 보면 그들이 옳다는 점이 증명되는 듯하다. 포맷이 단순할수록 시청률은 더 높아지고, 프로그램이 편협할수록 프로그램 담당자의 입가에 미소가 더 커지기 때문이다. 우리가 매일 밤낮으로 신경을 무감각하게 하는 천편일률적 바보 양산 프로그램을 덥석 받아먹는 것은 새삼스러운 일이 아니다. 의견 표현이 아니라 쓸데없는 말만 많은 토크쇼 포맷, 잘 모르고 전혀 알고 싶지도 않은 '유명인'이 등장하는 리얼리티 드라마, 유머가 없는 코미디 프로그램, 이해력 부족한 퀴즈 프로그램, 정보의 가치가 없는 정보 프로그램, 열정과 활력이 없는 가요 프로그램. 만약 이 모든 프로그램을 사람이 지적 퇴화 없이 견뎌 낸다 하더라도 〈웃긴 돌연변이〉 같은 대중가요나 〈발러만 6〉 같은 코미디 영화를 접하다 보면 마지막 남은 한 줄기 빛과 같은 사고 능력마저 결국 잃게 될 것이다.

슈테판 본너Stefan Bonner와 안네 바이스Anne Weiss는 공동 저술한 베스트셀러 《바보들의 세대Generation Doof》에서 이 같은 멀티미디어의 정신박약 전파가 초래하는 결과를 적절하게 기술했다.[73] 역설적이게도 마우스 클릭 한 번으로 세상의 지식을 얻을 수 있는 시대가 되었는데도 수백만의 젊은이는 자신이 무엇을 모르는지조차 전혀 알지 못할 정도로 정신적으로 지체되어 있다는 것이다. 그들에게 자신이 점점 바보가 되는 것을 막기 위해 싸우려는 야심은 거의 존재하지 않는다. 그렇다면 그런 야심은 어디에서 오는 것일까? 잘 생각해 보면 젊은이들은 교육이 그 자체로 가치 있다는 사실, "삶과 우주, 그리고 모든 것"〔더글러스 애덤스Douglas Adams《은하수를 여행하는

히치하이커를 위한 안내서》의 저자-옮긴이)]에 대한 깊은 인식이

(이를 통해 카를 라거펠트Karl Lagerfeld와의 모델 계약이나 디터 볼렌

Dieter Bohlen과의 음반 계약을 얻지는 못하지만) 그 자체로 가치 있

다는 사실을 결코 경험해 본 적이 없다.

다방면에 걸친
바보 만들기 시스템

　안타깝게도 근본적인 인식이 지닌 가치를 근본적으로 인식하는 사람은 극소수에 불과하다. 매체에 아무 메시지도 담겨 있지 않기 때문이기도 하지만, 무엇보다 우리의 현 교육 시스템이 부조리하기 때문이다. 어쩌면 교육 시스템이라기보다 '비교육 시스템', 아니 '바보 만들기 시스템'이라 불러야 마땅할 것이다. 아동과 청소년, 젊은이들이 학교와 직업학교, 전문

대학, 종합대학에서 우선적으로 배우는 것이 무엇인가? 바로 교육이 고유 가치를 지닌 것이 아니라 교환가치를 지녔다는 것이다!

현실에 존재하는 교육적 광기(어리석은 교육 행위)는 무엇보다도 병적인 지식 과식욕을 육성하는 학교의 부조리한 강압에서 나타난다. 다시 말해 학생은 짧은 시간 동안 죽은 지식을 되도록 많이 게걸스럽게 먹어 대고, 시험을 보는 순간 점수와 교환하기 위해 적시에 다시 뱉어 내도록 훈련된다. 교육 내용을 먹고 뱉어 내는 이 병에 걸리면 학습 내용이 학습자에게 거의 남지 않으리라는 점은 자명한 이치다. 또한 학생이 교육의 교환가치를 더 이상 인식하지 못할 경우 학교 교육 내용에 대한 관심이 완전히 사라질 것이라는 점도 분명하다. 사회적 출세 가능성과 관련하여 "나는 커서 하르츠 4Hartz Ⅳ(사회보장 수당)를 받는 사람이 될 거야!"라고 이야기할 정도로 체념적인 학생은 기본적으로 자신과 아무 상관 없는 학습 내용을 파고들며 공부할 이유가 없다.

교육 시스템에서 근본악이 무엇인지는 쉽게 찾을 수 있다. 학교의 '지식 모험'은 대개 학생이 견디기 힘들 정도로 지루한 방식으로 제공되기 때문에, 아동의 선천적 학습 능력인 호기심을 짧은 시일 내 완전히 상실하게 만든다. 오직 극소수의 교사만이 자신의 교수법으로 학생들의 감탄을 이끌어 낸다. 감탄 없는 학습은 낯선 지식을 아무 생각 없이 흡수하는 행위가 될 뿐이다. 보통 학교가 아닌 인생을 위해 공부한다고 말하지만 사실은 그 반대다. 학생들은 시험을 위해 공부하고, 이 지식은 자기 자신에게, 인생에, 세계 이해에 아무 의미도 없다. 그래서 시험 기간이 끝나면 공부한 내용을 다시 잊어버리게 된다.

일반적으로 교사가 학습자의 감탄을 이끌어 내는 임무에 처참히 실패하는 이유는 무엇일까? 첫째, 대부분의 교사들 역시 이런 방식으로 낯선 지식을 습득했기 때문이다. 다시 말해 그들 역시 자기 분야의 지식 내용에, 이 지식을 젊은이에게 전수할 가능성에 감탄하지 않은 사람들이다. 둘째, 교사 양성

과정에서(특히 의무교육 이상의 상급 학교를 위한) 인간에 대한 이해보다 전문 지식을 전달하는 것이 중요하다는 잘못된 믿음이 전수되기 때문이다. 감탄을 주는 훌륭한 수업은 학생 개개인의 장점과 약점, 재능, 취향에 맞추어야 가능하다. 모든 학습자를 동일시하는 완고한 규격화는 촉진해야 할 창의적 잠재성을 오히려 파괴하기 때문에 교육학적으로 매우 비합리적이다. 셋째, 교육기관(유치원에서 대학에 이르기까지)의 재정 상태가 대체로 열악해 개별적 학습이 불가능한 상황이기 때문이다. 이 점에서 정치는 단호하게 방향을 전환해야 할 것이다. 모든 민주주의는 결국 국민의 성숙함으로 유지된다. 교육에 돈을 아끼는 사람은 자신이 얼마나 바보인지를 입증하는 셈이다.

우리 교육 시스템이 지닌 근본적 결함은 바로 이와 같은 연관 관계 안에서 언급되어야 한다. 오늘날에도 여전히 맥락을 이해하는 것보다 개별 사실을 습득하는 교육이 더 중시되고 있다. 학생들이 고립된 개별 사실의 연계라는 난제에 직면해 제대로 갈피를 잡지 못하는데도, 학교는 엄청난 양의 개별 사실을 학생에게 억지로 주입한다. 하지만 교육의 진정한 의미는 맥락을 이해하는 데 있다. 이는 과거보다 오늘날 더 중요하다. 우리 시대의 과제는 이제 예전처럼 상세한 사실적 지식으로의 접근 통로를 얻는 것이 아니기 때문이다. 우리 시대의 거대한 도전은 우리를 둘러싼 정보의 바다에서 난파당하지 않는 것이다. 퀴즈 프로그램 〈누가 백만장자가 되려는가?〉에서 높은 단계에 성공적으로 오르도록 준비시키려는 듯 학생들에게 의심쩍은 지식을 가득 쑤셔 넣는 것이 교육과 무슨 관련이 있는가? 어떤 바보라도 위키피디아Wikipedia만 있으면 '백만 유로짜리 퀴즈'에 대답할 수 있을 테니 말이다. 교육의 의미는 단편 지식을 되도록 많이 축적하는 데 있는 것이 아니라, 우리가 사용할 수 있는 풍부한 지식의 토대에서 문제에 적합하고 올바른 정보를 선별할 수 있게 하는 데 있다.

교육 시스템이 이 중요한 임무를 수행하지 못하고 있기 때문에 많은 학생들이 나무만 보고 숲을 보지 못한다. 그들은 한 분야의 내용들이 서로 어떤 연관성을 갖는지 이해하지 못하며, 그것이 다른 분야에서는 무엇을 의미하는지 파악하지 못한다. 또한 그 내용이 자신의 인생에 끼칠 수 있는 영향도 전혀 의식하지 못한다. 이렇게 되면 학습 동기가 직접적으로 유발되지 않는다. 따라서 주먹구구식이 아닌 맥락을 명확히 이해할 수 있는 교육이 제공되어야 한다. 예를 들면 학습단원 초반부터 해당 주제를 다루는 것이 왜 가치가 있는지 분명히 제시하는 것이다. 한 주제의 중요성을 제대로 밝히지 못한다는 것은 그 주제가 수업에 걸맞지 않다는 확실한 신호다(기껏해야 그 주제에 감탄할 수 있는 특정 학생만이 참여하는 특수 강좌에서 다루어질 수 있을 것이다).

이런 식으로 학습의 의미를 수업의 중심에 놓으면 교사와 학생의 관계도 자연히 변화하게 된다. 교사는 더 이상 학생이 자신 앞에 놓인 모든 지식을 무조건 삼킨다는 기대를 하지 않고, 오히려 학생의 욕구에 따라 수업 방향을 설정하게 된다. 또한 학생들은 자신에게 주입된 내용을 단순히 외우지 않고, 그로부터 얻는 지식이 자신의 삶에 얼마나 중요한지, 전달된 정보가 실제로 비판적인 시험에 견딜 수 있는지 깊이 고민하게 된다. 이상적인 상황은 때로 교사가 학생이 되고, 학생이 교사가 되기도 하는 것이다. 이 경우 교육에서의 일방통행이 양측의 덕을 보는 학습 대화로 바뀌게 된다.

교육의 로열젤리

지금까지 간단하게 다룬 교육 구상을 볼 때 사고를 황폐화 시키는 교육을 변화시켜야 한다는 결론을 도출할 수 있다. 사고를 강화하기 위한 교육의 핵심 원칙은 다음과 같다. 논거를 지켜라. 사물의 본질을 규명하라. 체제의 부조리함을 기억하는 바보가 되고, 멍청한 무리를 따르는 얼간이는 되지 말라. 수치스러울 정도로 어리석은 지배적 관습에 자신을 적응시키지 말고, 전체의 의미를 물어라.

문화적 매트릭스가 이러한 원칙을 통해 재구성된다면 광범위한 사회적·경제적·정치적 변화를 가져올 것이다. 어릴 때부터 아무 성찰 없이 주입된 지식을 좋은 점수와 교환하는 대신 비판적 시각으로 본질을 묻는 법을 배운 사람은 어리석은 종교 뇌벌레, 어리석은 생태학 뇌벌레, 어리석은 경제 뇌벌레의 감염을 일찍 피할 수 있다. 그런 사람은 최후의 심판이라는 진부한 이야기에 속지 않을 것이며, 품질보증기간이 지난 후 기계를 멈추게 하는 칩이나 사람들을 재정 파멸로 전락시키는 '금융 도구'를 만들지 않을 것이다. 또 당연히 이처럼 터무니없는 행동을 지지하는 정치인을 뽑지도 않을 것이다.

　이로써 우리는 '현명한 인간'을 만들어 주는 로열젤리가 있는 목적지에 이르게 된다. 그 이후의 결과는 누구나 쉽게 예상할 수 있다. 우리는 이제 호모 데멘스로의 퇴화를 막고 호모 사피엔스로 발전시켜 주는 교육의 로열젤리를 먹게 된다. 벌들의 세계와 달리 이때 중요한 것은 로열젤리의 양이 아니다. 그 품질이 결정적이다. 그렇기 때문에 많이 안다는 것은 곧 제대로 된 교육이 아니라 잘못된 교육을 받았음을 뜻한다. 나이도 어리석음을 막지 못하고, 지식과 지능 또한 어리석음을 예방하기에는 부족하다.

그렇다면 제대로 된 교육과 잘못된 교육의 차이를 어떻게 구별할 수 있을까? 기본적으로 아주 간단하다. 사고를 황폐화시키는 뇌벌레와 달리 교육의 로열젤리는 ① 우리의 사고 능력을 강화시켜 논리적 모순을 명백히 인식하게 하고, ② 우리의 현실감각을 날카롭게 만들어 현실에서 벗어난 거짓말이 더 이상 활개 칠 수 없게 하며, ③ 우리의 줏대를 확고하게 만들어 작은 모순도 지나치지 않고 올바른 길을 택하여 나아갈 수 있게 한다.

전 세계에서 이런 로열젤리를 섭취한다면 어리석은 자의 권력, 편협한 자의 권력, 영원한 옛 사람들의 권력은 곧 무너질 것이다. 하지만 이것이 과연 현실적으로 가능한 일인가? 인류가 자신의 웅대한 망상으로부터 자유로워질 수 있다고 믿는 것 자체가 웅대한 망상은 아닐까? 이성의 목소리가 교회의 종소리, 이슬람의 기도 시각을 알리는 무에진Muezzin의 소리, 시장의 외침, 정치인의 다툼, 이 모든 것을 뚫고 나아갈 정도로 강력하다고 볼 수 있을까? 프로이트는 다음과 같이 고찰했다. "지성의 목소리는 낮지만, 자신의 목소리를 들어 주는 사람이 나타날 때까지 쉬지 않는다. 수없이 퇴짜를 맞은 뒤, 마침내 지성은 자신의 목소리에 귀 기울이게 하는 데 성공한다. 이것이 인류의 미래를 낙관할 수 있는 몇 가지 이유 중 하나다."[74]

이 말이 모두 사실이라면 현시대의 우리는 1930년대의 프로이트보다 더 낙관적일 수 있다. 오늘날에는 인터넷 덕분에 과거 정치체제에 의해 엄격하게 억압되던 견해도 소통할 수 있게 되었다. 만약 이 의사소통을 차단한다면 어마어마한 결과가 초래될 것이 자명하다. 틀림없이 세계 시스템 곳곳에서 저항운동이 조직될 것이다. 기존에 확립된 질서를 수호하는 사람의 지위는 이제 예전처럼 확고하지 않다. 누군가 막을 새도 없이 모든 것이 움직이고 있다. 그리고 우리는 우리 눈앞에서 일어나는 변화의 증인이 된다. 권력을 지닌 바보들에 맞서 저항하는 바보들의 봉기가 시작되었기 때문이다.

6장

어리석은 자에게
권력을
주지 마라

저항을 위한 성명

Keine Macht den Doofen

안데르센의 동화 《벌거숭이 임금님》에서는 꼬마 한 명이 권력자의 망상을 무너뜨렸다. 현실의 모습도 이와 별반 다르지 않다. 소수의 참여적 행동만으로도 사회시스템을 전복시키기에 충분하다. 이를테면 1955년 12월 1일 미국 흑인 여성 로자 파크스Rosa Parks가 버스에서 백인 승객에게 자리 양보를 거부한 단순한 사건이 미국에서 인종차별을 끝내는 시초가 된 것처럼 말이다.

사회운동의 발상지에는 언제나 그 시대의 금기적 사고를 미친 듯이 깨부수려는 몇몇 개인이 있었다. 물론 시대의 조류에 어긋나는 이런 사람들, 이를테면 의사 표현의 자유, 노예제 철폐, 인종차별 폐지, 남녀평등, 자연과의 합리적인 교류 방식과 같은 '모험적 사고'를 최초로 시작한 사람들은 당대 체제에 진지하게 수용되지 못했다(또는 되도록 빨리 이런 생각을 버리도록 강요받았다). 하지만 이 선동적인 사고에 전염되는 사람들이 점점 더 많아지는 현상을 장기적으로는 막을 수 없었다. 이제는 이 선동적 사고가 과거에는 상상조차 할 수 없는 생각이었다는 사실을 거의 상상할 수 없을 정도로 우리 문화적 매트릭스의 확고한 구성 요소가 되었다.

이러한 점에서 볼 때 오늘날 그토록 많은 사람 들이 이 책에 기술된 어리석은 행위에 맞서 이의를 제기하고 있다는 사실은 기운을 북돋아 준다. 이를테면 국제적인 동물 권리 운동은 이 책의 1장에서 언급된 망상, 즉 인간이 우주에서 특수한 위치에 있다는 망상(이 망상에 의거해 인간은 비인간 생명체를 거칠게 다룬다)을 공격하고 있다. 또한 세계 여러 나라에서 조직되고 있는 종교 비판적 계몽운동은 2장에 기술된 어리석은 종교인의 권력에 맞서 싸우고 있다. 환경 운동은 4장에서 조명된 어리석은 생태학적 행위에 이미 수십 년 전부터 대항하고 있으며, 아탁Attac(시민 지원을 위한 국제금융거래 과세연합)과 같은 금융 비판 운동(일례로 최근 일어난 월가 점령 시위)은 3장에 기술된 어리석은 경제행위를 공격한다. 직접민주주의 주도 단체(이를테면 '더 많은 민주주의Mehr Demokratie e.V')는 4장에서 논의된 지배자의 어리석음에 맞서 싸우며, 교육개혁 운동(이를테면 '레기오 교육ReggioPädagogik')은 5장에 요약된 어리석은 교육행위를 막으려 한다.

이 개별 운동이 언젠가는 거대한 집합적 운동, 즉 호모 데멘스의 문명 위기에 맞선 호모 사피엔스 저항운동으로 결합할 수 있지 않을까? 현재(아직도?) 몇 가지 중요한 이유에서 반대하는 목소리가 있기는 하지만 이 결합이 완전히 불가능한 일은 아니다. 한 가지 어리석은 행위를 인식한 사람은 다른 어리석은 행위 역시 오랫동안 지속되도록 가만 놔두지 않을 것이기 때문이다. 안타깝게도 호모 데멘스 광기의 다양한 형태 (어리석은 종교 행위, 생태 행위, 경제행위, 정치 행위, 교육 행위)가 서로 밀접히 연관되어 있음을 인지하는 사람은 소수에 불과하다(근동 지역의 갈등을 생각해 보라. 다양한 형태의 사고장애가 위험한 방식으로 함께 작용하면서 상호 더 견고해진다).

또한 다양한 망상이 체계적으로 결합하면 여러 선의의 구제 노력이 결국 아무 효과를 보지 못하고 사라지게 된다. 예를 들어, 근본주의에 맞서 싸우려면 해당 국가의 경제 발전을 후원해야 하는데 근본주의가 바로 이것을 저지하고 있다면 어떻게 이를 도모할 수 있겠는가? 이와 유사한 상호작용은 어리석은 생태 행위와 어리석은 경제행위 사이에서도 존재한다. 이를테면 생태학적 전환은 경제가 더 이상 단기적 이윤 극대화의 영향을 받지 않게 될 때야 비로소 가능하다. 하지만 경제의 장기적 결과를 고려하는 생태적 의식이 이미 전제되지 않고서는 어리석은 경제적 망상을 극복할 수 없다. 같은 맥락으로 정치면에서도 많은 것을 기대하기 어렵다. 단기적 이해관계의 만족에 의해 재선이 좌우된다면 어떻게 정치인이 단기적 이해관계라는 눈가리개에 맞서 저항할 수 있겠는가? 또 정치인 자신의 생각과 행동이 이러한 매트릭스에 의해 결정되었다면 그들이 어떻게 현 문화적 매트릭스의 오류를 수정할 수 있겠는가?

150년 전 카를 마르크스 역시 이 같은 문제에 봉착했다. 그의 유명한 단편 저술《포이어바흐에 관한 테제Thesen uber Feuerbach》에는 다음과 같은 말이 있다. "환경과 교육의 변화에 대한 유물론적 학설은 환경이 인간에 의해 변화되며 교육자 자신도 교육받아야 한다는 사실을 잊고 있다. …… 환경의 변화와 인간 활동 혹은 자기 변화의 일치는 오직 혁명적 실천으로서만 파악될 수 있으며, 또 합리적으로 이해될 수 있다." [75] 이 말은 두 가지를 의미한다. 첫째, 우리의 생각과 행동이 사회적 상황에 의해 규정되듯, 사회적 상황도 우리의 생각과 행동에 의해 규정된다. 둘째, 이 두 가지는 안정적이지 않고 지속적으로 변화할 수밖에 없다. 특히 이러한 변화 과정은 위기의 순간, 즉 인간과 자연의 공존 및 순환 형태가 심각한 문제를 야기하여 전통 치유 수단으로는 더 이상 자연을 구원할 수 없음이 극명히 드러나는 순간 극적으로 치닫는다. 이를 토대로 볼 때 모든 심각한 사회 위기에는 위험과 동시에 기회가 존재한다. 즉 힘들게 획득한 문화 업적이 사라진다는 위험(이를테면 고대 유럽의 고도 문명이 몰락했듯이)과 과거의 재앙으로부터 배울 수 있는 기회(제2차 세계대전 이후 유럽의 평화적 재건을 생각해 보라)가 공존한다.

현재의 위기 역시 이런 의미에서 이중적이다. 다시 말해 아랍의 봄(2010년 말 튀니지에서 시작돼 중동 및 북아프리카 국가들로 확산된 반정부 시위 물결-옮긴이)이 곧 아랍 국가에서 자유에 대한 모든 희망을 얼음으로 마비시키는 문화적 빙하기인 이슬람의 겨울일 수도 있고, 독재 정권이 무너진 뒤 생긴 자유라는 여린 풀을 풍요로운 과실을 맺는 나무로 성장시키는 기회일 수도 있다. 마찬가지로 금융시장의 위기 또한 경제적 재앙

유발이라는 비참한 결과를 낳을 수도 있지만, 전 지구 경제를 공정한 형태로 바로잡을 기회일 수도 있다. 현재의 위기를 공존의 기회로 활용하는 일의 성패는 우리 스스로 사고를 변화시킬 용의가 있는지에 따라 결정적으로 좌우된다. 우리가 직면한 중대한 문제들은 그 문제들을 발생시켰을 당시 그대로의 사고방식으로는 해결할 수 없기 때문이다(알베르트 아인슈타인).[76]

저항하는 바보들이 문화적 매트릭스로부터 전수받은 틀에서 벗어날 수 있을지, 아니면 결국 새 술통에 낡은 와인을 붓는 데 그칠지는 상당히 중요한 문제다. 이러한 측면에서 어느 정도 짚고 넘어가야 할 사항이 있다. 오늘날 거의 모든 저항 운동이 고도의 도덕적 자극을 내세우며 등장한다. 이를테면 세계가 안고 있는 문제가 마치 '악덕' 기업가, 경영인, 은행가, 정치인이 인간과 자연에 맞서기 위해 자발적으로 공모한 탓에 발생한 것처럼 몰고 가는 것이다. 그렇다면 이들은 '정말로 도덕적인 문제'를 다루고 있는 것인가? 세계 금융 위기가 정말로 일부 은행가의 개인적 탐욕으로부터 나온 것인가? 권력을 지닌 멍청이들이 저항하는 바보들보다 정말로 더 사리사욕이 강한가? 그렇지 않다! 풍자가 위글라프 드로스테Wiglaf Droste는 다음과 같은 시구를 썼다. "뇌가 나빠질수록 도덕이 더 잘 받아들여진다."[77] 이 말은 다음과 같은 경우에도 정확하게 들어맞는다. 즉 지구 전체의 불행은 도덕적으로 비난받아 마땅한 몇몇 사람들의 결정에서 비롯되는 것이 아니라, 집단적 어리석음의 과정이 어쩔 수 없이 나타나도록 아둔하게 고안된 시스템에 기인한다.

정치인이 자신의 이해관계에 집중한다고, 경제인이 수익을 얻고자 한다고, 혹은 종교인이 '영혼'을 구원하려 애쓴다고 비난하는 것은 부조리한 일일 것이다. 결국, 그들은 자신의 일을 하는 것일 뿐이다. 다시 말해 그들은 각각의 하위 시스템이 자신에게 요구하는 일을 행하고 있을 뿐이다. 안타까운 현실은 그들이 효율적이고 양심적으로 자신의 일을 수행할수록 그 결과가 점점 더 끔찍해진다는 것이다. 시스템에 합리적으로 반응하는 사람이 비합리적이 되고, 잘못된 것을 완벽하게 만들려는 사람이 완벽하게 잘못된 사람이 되는 것,[78] 이것이 어리석은 시스템이 지닌 가장 어리석은 속성이다.

어리석음과 자부심은 동종이다

저항하는 바보는 결코 자신이 도덕론자라고 뻐기지 않는다. 자신이 권력을 가진 어리석은 무리에 속하지 않았다고 자부심을 느끼는 사람은 심오하고 체계적인 위기의 근원을 정확히 인식하지 못했음을 스스로 입증할 뿐이다. 나아가 자신도 모든 시대를 통틀어 가장 위험한 뇌벌레 프로그램, 즉 독선 바이러스에 감염되었음을 여실히 드러낼 뿐이다. 어리석음과 자부심은 동종이기 때문이다. 이전에 집필한 내 저서들에서 호모 데멘스의 특별한 어리석음인 자부심에 대해 상세하게 다루었기 때문에[79] 여기서는 두 가지만 간단히 짚어 보려고 한다.

첫째, 자부심의 근본적 어리석음은 다른 수많은 어리석음과 마찬가지로 인간의 자기 과대평가에서 비롯된다. 직립 보행하는 원숭이에 불과한 인간은 자신이 자연법칙보다 우위에 존재하며, 선과 악, 진실과 거짓, 아름다움과 추함을 자신의 '자유의지'로 결정할 수 있다고 진지하게 믿는다. 하지만 사실상 우리가 내리는 모든 결정, 우리가 소유한 모든 특성은 원인에 의해 규정된다. 실제 우리는 살아가는 매 순간 똑똑하거나 매력적이거나 사랑스럽거나 정의로운 모습 등을 드러내는데, 그 이유는 바로 그 순간 각자의 성향과 경험이 딱 그만큼 원인으로 작용하여 그러한 모습을 규정하기 때문이다.

둘째, 인간의 자기 과대평가로부터 행복한 자가 불행한 자를, 아름다운 자가 추한 자를, 교육받은 자가 교육받지 못한 자를, 엘리트 계층이 소외 계층을, 선한 자가 악한 자를 심판하는 치명적 독선이 자라난다. 그중에서 특히 끔찍한 것은 선과 악의 도덕적 이중성이다. 자신을 '악에 맞서 선을 지키는 자'라고 잘못 생각하는 사람들이 이해관계의 갈등을 푸는 공정한 해결책을 찾는 것이 아니라 해가 될 것 없는 갈등까지도 심각하게 만들어 버리기 때문이다(근동 지역의 갈등은 여기서도 적합한 사례가 된다).

그러므로 현 상황에서 우리에게 필요한 것은 도덕적 분개가 아니라 문화적 어리석음으로부터의 탈피다! 마땅히 '분노하라!'[80]는 구호보다 '어리석음으로부터 탈피하라!'는 구호를 따라야 한다. 우리 시대의 거대 갈등 노선은 선과 악 사이에 뻗어 있는 것이 아니라 똑똑함과 어리석음 사이에 뻗어 있다. 여기서 조심해야 할 점은 똑똑함과 어리석음의 차이를 발생시키는 요인이 개인의 개별적 특성이 아니라(극도로 높은 지능 지수도 뇌벌레 감염을 효과적으로 방어하지는 못한다) 사회 문화적 시스템의 상태(시스템이 똑똑하게 고안되었는가, 멍청하게 고안되었는가? 시스템이 집단적 지성을 촉진하는가, 집단적 어리석음을 촉진하는가?)라는 점이다.

한 개인에게 다른 사람보다 세상을 더 멀리 보는 능력이 있다면, 이는 '위대한 개인'이기 때문이 아니라 문화적 매트릭스 내에서 사고를 황폐화시키는 뇌벌레보다 교육의 로열젤리와 더 많이 접촉할 수 있었기 때문이다. 하지만 이 상황도 완전히 안전한 것은 아니다. 우리가 아무리 멀리 볼 수 있다 해도 우리의 사고 지평선은 언제나 제한되어 있기 때문이다. 이는 물론 이 구절을 적고 있는 저자인 나에게도 해당된다. 이 논쟁서의 문체가 단호하다고 해서 '침해할 수 없는 사실'을 선언하고 있다고는 생각하지 않길 바란다. 물론 내 사고의 결과물이 임시적이고 결함이 있다는 것을 알고 있다. 하지만 그렇기 때문에 더더욱 내 입지를 분명하게 표현해야 한다. 왜 그런가? 이 작업을 통해, 이미 형성된 기존의 불합리함이 멀리 보는 다른 사람에 의해 반박될 가능성이 커지기 때문이다.

어리석음으로부터 탈피하라!

　도덕적 분개가 아닌 문화적 어리석음으로부터의 탈피에 중점을 둔 개혁 운동은 거대한 진실의 인식과 더불어 또 다른 결정적 장점을 갖는다. 즉 이러한 개혁 운동은, 시스템 안에 편입돼 있으면서도 전체의 유의미성을 의심하는 사람들에게까지 이를 수 있다는 것이다. 내가 지난 수년 간 정치인과 기업가, 은행가, 저널리스트, 교사, 나아가 종교 간부와 무수히 대화를 나누며 알게 된 사실은 놀라울 정도로 많은 사람들이 자신이 몸담고 있는 시스템의 합리성을 믿지 않는다는 점이었다. 엄밀히 보면 그들은 안데르센의 동화 《벌거숭이 임금님》에 나오는 왕의 신하와 비슷한 처지에 놓여 있다. 다시 말해 임금님이 벌거벗고 있다는 사실을 알면서도, 모든 대중이 이 같은 연극이 얼마나 어처구니없고 어리석은 짓인지 깨달을 때까지 옷자락 받드는 사람 역할을 할 수밖에 없는 것이다.

그러므로 우리의 정치인, 기업가, 은행가, 저널리스트, 교사, 종교인에게 호의를 베풀고 그들이 어리석은 시스템의 어리석은 강압에서 벗어날 수 있도록 해야 한다! 이성의 목소리를 높여 보자! 임금님이 벌거벗었다고 큰 소리로 분명하게 말해 보자! 그래야만 어리석은 종교인, 어리석은 생태학자, 어리석은 경제학자, 어리석은 정치인이 우리에게 매일 같이 보여주는 익살극을 끝낼 수 있다. 이제 사회시스템의 근본적 개혁을 모색해야 할 시간이 도래했다. 집단 어리석음 대신 집단 지성이 자리 잡는, 교육의 로열젤리가 지구의 모든 사람에게 전파되어 사고를 황폐화시키는 뇌벌레가 더 이상 퍼지지 못하는 새로운 문화적 매트릭스의 건축가가 되어 보자!

오늘날의 정언명령은 잘못된 사고 때문에 인간이 죽기 전에 잘못된 사고를 먼저 죽게 만드는 것이다! 이러한 호모 사피엔스 명령을 따르는 인류가 무엇을 이룩할 수 있을지 상상해 보라. 인류라는 종의 미래를 더는 걱정할 필요가 없을 것이다. 우세한 위치를 점유했던 완고한 망상도 끝내는 인류의 진보를 막지 못할 것이다. 환상적인 과학기술의 가능성과 위대한 지식, 놀라운 예술 작품을 한번 떠올려 보라. 인류가 역사의 온갖 오류와 혼란, 어리석은 종교인과 정치인의 편협한 검열을 딛고 재기할 수 있었다는 사실은 참으로 감동스럽지 않은가?

아울러 인류가 윤리적인 측면에서 뿌리 깊은 자신의 제약을 조금씩 극복했다는 점도 주목할 만한 일이다. 이타주의 정서가 가족 단위에서 사회단체로, 나아가 사회의 모든 구성원으로, 그리고 유엔 인권선언을 통해 인류 전체로 퍼져 나갔다. 하지만 이것만으로는 아직 윤리적 발전이 완결된 것으로 볼 수 없다. 오늘날 동물의 권리를 위해 싸우는 운동가는 인간이 아닌 동물의 이해관계 역시 고려해야 한다고 요구한다. 다른 어떤 동물도 이처럼 종이 다른 개체의 삶의 질을 걱정하지 않는다는 점에서 인간이 특별히 똑똑하고 호의적인 동물일 수 있다는 점이 설명된다. 하지만 그럴 수 있는 사람은 우리 인간 중 가장 뛰어난 사람뿐이다. 그리고 이러한 이유만으로 인간이 삶의 무대에서 조기에 사라진다는 것은 유감스러운 일일 것이다.

이런 상태에 이르지 않으려면 문화적 매트릭스의 뇌벌레로부터 보호받은 사람들이 자신의 색을 보여 주어야 한다. 호모 사피엔스가 호모 데멘스에게 길을 터 주지 말아야 한다. 똑똑한 사람이 굴복하면 어리석은 사람이 승리를 거머쥐게 되기 때문이다. 다행스럽게도 오늘날에는 어리석은 자들의 승리를 줄일 수 있는 여건이 과거보다 나아졌다. 이제는 완전히 어리석은 자에게 조종간을 넘겨주는 행위가 무책임한 일이 될 정도로 인류의 행보는 문화적으로 진보했고, 과학기술과 국제화를 통해 거침없이 나아가고 있다. 그러므로 이제 우리는 어

리석은 자들의 권력을 깨뜨릴 수 있는 제반 조건을 마련해야
한다! 이것은 지금도, 앞으로도 변하지 않을 우리 시대의 거
대한 도전이다.

1   John Adams, zitiert nach Barbara Tuchmann: Die Torheit der Regierenden. Von Troja bis Vietnam. Frankfurt/M., 2006, S. 12.

2   Friedrich Nietzsche: Jenseits von Gut und Böse. In: Friedrich Nietzsche: Werke in drei Bänden. Herausgegeben von Karl Schlechta. München, 1954, Band II, S. 637.

3   이는 워쇼스키Wachowski 형제의 유명한 영화 〈매트릭스Matrix〉를 보면 쉽게 이해할 수 있다.

4   Arthur Schopenhauer: Parerga und Paralipomena. In: Arthur Schopenhauer: Züricher Ausgabe. Werke in zehn Bänden. Zürich, 1977, Band IX, S. 79(Fußnote).

5   이 말장난은 카를 마르크스와 프리드리히 엥겔스Friedrich Engels가《공산당 선언Manifest der Kommunistischen Partei》에서 저술한 "한 시대의 지배적 사상은 언제나 지배계급의 사상일 뿐이었다."라는 의미심장한 표현에 근거한다. 《마르크스·엥겔스 저작선Marx-Engels Werke》제4권, 480쪽.

6   프랑스 철학자 에드가 모랭Edgar Morin은 인간 특유의 본질을 묘사하는 데 이 탁월한 개념을 사용했다. 에드가 모랭의《미래의 교육에 반드시 필요한 7가지 원칙Die sieben Fundamente des Wissens für eine Erziehung der Zukunft》(Hamburg, 2001), 72쪽 이하 참조.

7   Siehe hierzu u. a. Heinz Oberhummer: Kann das alles Zufall sein? Geheimnisvolles Universum. Salzburg, 2008.

8   켄 로빈슨Ken Robinson의《엘리먼트: 타고난 재능과 열정이 만나는 지점In meinem Element》(München, 2010)에 아주 잘 기술되어 있다. 85쪽 이하 참조.

9 Vgl. Albert Schweitzer: Die Lehre der Ehrfurcht vor dem Leben. Berlin, 1974, S. 30.

10 Vgl. Stephen Jay Gould: Darwin nach Darwin. Frankfurt/M., 1984, S. 76 f.

11 스위스 종교개혁가 츠빙글리의 생각처럼 성찬식 빵이 단순히 상징적으로 변한 것이라는 가정은 가톨릭교회에서는 이단으로 간주된다(《가톨릭 교리문답서》 1374항을 보라). 루터는 츠빙글리의 제안을 단호하게 거부했다.

12 요한복음, 6:54~6:56.

13 이와 관련하여 카를하인츠 데슈너Karlheinz Deschner의 동명 저서를 참조할 것(곧 제10권이 나올 예정).

14 출애굽기, 20:3 ff.

15 Vgl. u. a. Israel Finkelstein, Neil A. Silberman: Keine Posaunen vor Jericho. Die archäologische Wahrheit über die Bibel. München, 2002.

16 요한복음, 8:44.

17 마태복음, 27:25.

18 Martin Luther: Von den Juden und ihren Lügen. Wittenberg 1543 – hier zitiert nach der sprachlich modernisierten Zusammenstellung von Martin Sasse (Hg.): Martin Luther über die Juden: Weg mit ihnen! Freiburg, 1939, S. 9.

19 Adolf Hitler: Mein Kampf. München, 1936, S. S. 70 und S. 751.

20 이 점은 특히 히틀러의 정신적 지주이자 스승이었던 디트리히 에카르트 Dietrich Eckart의 지극히 명청한 저서 《모세에서 레닌에 이르는 볼셰비즘. 히틀러와 나의 대화Der Bolschewismus von Moses bis Lenin. Zwiegespräche zwischen Hitler und mir》(München, 1924)에 명확하게 나타난다.

21 나치에 충실한 이 이슬람 율법 최고 권위자의 정신 나간 이력을 보고 싶다면 클라우스 겐지케Klaus Gensicke의 《예루살렘의 최고 성직자와 나치주의자Der Mufti von Jerusalem und die Nationalsozialisten》(Darmstadt, 2007)를 보라.

22 Siehe hierzu wie zum Folgenden das bemerkenswerte Buch des israelischen Historikers Shlomo Sand: Die Erfindung des jüdischen Volkes. Israels Gründungsmythos auf dem Prüfstand. Berlin, 2011.

23 Rede Ahmadinedschads vor der UNO-Generalversammlung(61. Session, 19. September 2006), zitiert nach dem offiziellen UNO-Dokument A/61/PV.11, S. 40, deutsche Übersetzung: MSS.

24 사우디아라비아에서 실현되고 있는 보수적 살라피즘과 알카에다가 추종하는 지하드 살라피즘은 원칙적으로 구분된다. 이 두 사조는 정치적 면에서 서로 적대적으로 대립한다(이를테면 사우디아라비아는 미국과 동맹을 맺고 테러와의 전쟁을 지원한다). 그러나 사상적으로는 경계가 불분명하고 유동적이다. 이는 왜 9·11 테러의 암살자 19명 중 15명이 사우디아라비아 출신인지를 설명해 준다.

25 Vgl. Erik Möller: »Die toten Mädchen von Mekka«, telepolis 25. 3. 2002.

26 Ibn Warraq: Warum ich kein Muslim bin. Berlin, 2004, S. 369.

27 Radio Vatikan vom 10. 8. 2011, vgl. auch »Mexiko: PapstBlut soll Drogenkrieg beenden«, Spiegel online (10. 8. 2011).

28 Vgl. Michael Schmidt-Salomon: Rationale Mystik: Wie man die Weisheit des Ostens mit der Weisheit des Westens verbindet. In: Michael Schmidt-Salomon: Jenseits von Gut und Böse. Warum wir ohne Moral die besseren Menschen sind. München, 2009.

29 Vgl. Franz Buggle: Denn sie wissen nicht, was sie glauben. Aschaffenburg, 2004.

30 독자 여러분이 정말로 훌륭한 생태학 저서를 읽고 싶다면 미하엘 브라운가르트와 윌리엄 맥도너의《요람에서 요람으로》를 추천한다.

31 Siehe Michael Braungart, William McDonough (Hg.): Die nächste industrielle Revolution. Die Cradle to Cradle-Community. Hamburg, 2009.

32 Vgl. Dietmar Hawranek, Armin Mahler et al.: »Märkte außer Kontrolle«, S. 60.

33 사라 바겐크네히트Sahra Wagenknecht의 경제적 전문 지식은 그녀가 '공산주의자 플랫폼Kommunistische Plattform' 당내 정파의 대변인을 지냈다는 과거 이력 때문에 여전히 미미하게 평가되고 있다. 하지만 이 극적인 변화에 대한 그녀의 지적은 매우 탁월했다. 사라 바겐크네히트의《자본주의 대신 자유를Freiheit statt Kapitalismus》(Frankfurt/M, 2011) 84쪽을 보라.

34 토마스 슈트로블Thomas Strobl은《빚 없이는 아무것도 진행되지 않는다. 절약은 왜 우리를 더 부유하게 하지 못하고 더 가난하게 만드는가Ohne Schulden läuft nichts. Warum uns Sparsamkeit nicht reicher, sondern ärmer macht》(München, 2010)에서 이 점을 매우 훌륭하게 다루고 있다.

35 Lucas Zeise: Geld - der vertrackte Kern des Kapitalismus. Köln, 2011, S. 64.

36 Helmut Creutz: Das Geldsyndrom. Wege zu einer krisenfreien Marktwirtschaft. Frankfurt/M., 1995, S. 392 f.

37 Vgl. Helmut Creutz: Zinsumverteilungs-Ermittlung-bezogen auf 2007 und 38 Millionen Haushalte. http://www.helmut-creutz.de/pdf/grafiken/T7_ ZinsumverteilungsErmittlung_2007.pdf

38 Vgl. u. a. Joachim Frick, Markus Grabka: »Gestiegene Vermögen sungleichheit in Deutschland«, in: Wochenbericht des DIW Berlin Nr. 4/2009.

39 Vgl. World Institute for Development Economics Research: Pioneer ing Study Shows Richest Two Percent Own Half World Wealth, Dezember, 2006.

40 Thomas Strobl: Ohne Schulden läuft nichts, S. 47 f.

41 독일 납세자 연맹Bund der Steuerzahler의 디지털 부채 시계Dept Clock에서 확인. http://www.steuerzahler.de를 볼 것.

42 Helmut Creutz: »Staatsverschuldung kurz gefasst«, in: Humane Wirtschaft 02/2011, S. 12.

43 Sehr anschaulich wurde dieses Kettenbrief- und Desinformationssys tem beschrieben in Max Otte: Der Crash kommt. München 2009; sowie Max Otte: Der Informationscrash. Wie wir systematisch für dumm verkauft werden. München, 2010.

44 Vgl. Thomas Strobl, Ohne Schulden läuft nichts, S. 227.

45 화폐 자산 소유자에게 이것이 의미하는 바는 그들이 직접 기업가가 될 때에만, 다시 말해 실물 재화와 용역에 투자할 때에만 자신의 자본을 증대시킬 수 있다는 것이다. 이 재화와 용역이 시장에서 성공적인 효과를 발휘할 경우 그들은 위험 선호Risk Appetite의 대가로 이득을 얻지만, 상품이 몰락할 경우 손실을 감수해야 한다.

46 Esther Vilar: Der betörende Glanz der Dummheit. Aktualisierte Neuausgabe Aschaffenburg, 2011(Die Originalausgabe erschien 1987).

47 Esther Vilar, Der betörende Glanz der Dummheit, S. 42 f.

48 앞의 책, 44쪽 인용.

49 앞의 책, 44쪽 인용.

50 So Ursula von der Leyen 2006 bei der Vorstellung des sogenannten

Bündnis für Erziehung, vgl. Eva Lodde: »Bündnis für Erziehung – Von der Leyen erzürnt Muslime«, Spiegel online 20. 04. 2006.

51 이 책의 3장에 인용된 십계명의 첫 계명을 참조할 것. "나 이외의 다른 신을 섬기지 말라. …… 나 야훼, 너희의 하나님은 질투하는 하나님인즉 나를 미워하는 자의 죄를 갚되 아버지로부터 아들에게로 삼사 대까지 이르게 하거니와……"(출애굽기, 20:3 이하)

52 십계명 중 마지막 계명을 볼 것. "네 이웃의 집을 탐내지 말라. 네 이웃의 아내나 그의 남종이나 그의 여종이나 그의 소나 그의 나귀나 무릇 네 이웃의 소유를 탐내지 말라."(출애굽기, 20:17)

53 Vgl. hierzu u. a. Michael Schmidt-Salomon: Manifest des evolutionären Humanismus. Plädoyer für eine zeitgemäße Leitkultur. Aschaffenburg, 2006; Michael Schmidt-Salomon: Anleitung zum Seligsein. Aschaffenburg, 2011; A. C. Grayling: Freiheit, die wir meinen. Wie die Menschenrechte erkämpft wurden und warum der Westen heute seine Grundwerte gefährdet. München, 2008.

54 Vgl. hierzu u. a. Gerhard Czermak: Religions-und Weltanschauungs recht. Eine Einführung. Heidelberg, 2008.

55 Vgl. vor allem Carsten Frerk: Violettbuch Kirchenfinanzen. Wie der Staat die Kirchen finanziert. Aschaffenburg, 2010.

56 Vgl. Peter Wensierski: Schläge im Namen des Herrn. Die verdrängte Geschichte der Heimkinder in der Bundesrepublik. München, 2006; siehe auch die Aktionshomepage der ehemaligen Heimkinder www.jetzt-reden-wir.org

57 So wörtlich im Katechismus der Katholischen Kirche, Absatz, 2280.

58 Ethikkommission der Giordano-Bruno-Stiftung: Für eine Zulassu ng der Präimplantationsdiagnostik in erweiterten Grenzen. Mastershausen, 2011(abrufbar über die Website der Stiftung www.giordano-bruno-stiftung.de).

59 Vgl. Esther Vilar, Der betörende Glanz der Dummheit, S. 14.

60 Siehe u. a. Deutsche Forschungsgemeinschaft (Hg.): Grüne Gentechnik. Weinheim, 2011; Frank und Renate Kempken: Gentechnik bei Pflanzen: Chancen und Risiken. Berlin, 2006.

61 크리스티아네 뉘슬라인폴하르트, 독일 국립 과학 아카데미의 레오폴디나

독일 자연과학 아카데미, 독일 과학기술 아카데미, 베를린-브란덴부르크 과학 아카데미의 입장 표명에서 재인용: 〈녹색 유전공학의 새로운 정책을 위하여Für eine neue Politik in der Grünen Gentechnik〉(2009년 10월 13일).

62 유전공학에 대한 불합리한 불안감을 줄이고 싶은 사람에게 베다 슈타들러Beda M. Stadler의 훌륭한 학문 요리 서적《포크로 먹는 유전자. 세계 최초의 유전자 변형 농산물 요리책Gene an die Gabel. Das erste GVO-Kochbuch der Welt》(Bern, 2001)을 추천한다.

63 가장 오래된 유기농 상표 데메테르Demeter가 표방하는 생물역학 농업Biological-Dynamic Agriculture은 루돌프 슈타이너Rudolf Steiner의 망상적 인지 체계에서 확연히 드러났다. 한편 오늘날 최고 상표인 바이오랜드Bioland가 표방하는 유기생물 농업Organic-Biological Agriculture은 스위스에서 정치적으로 보수파에 속하는 기독교를 기반으로 고향과 가족, 전통, 피조물을 보존하기 위해 동원된 농가 운동에서 시작되었다.

64 Eine vergnügliche Einführung in den Steuerwahn findet man bei Ursula Ott: Total besteuert. Wie ich einmal ganz alleine den Staatshaushalt retten sollte. München, 2010.

65 Barbara Tuchman, Die Torheit der Regierenden, S. 476 ff.

66 Vgl. Carol Tavris, Elliot Aronson: Ich habe recht, auch wenn ich mich irre. Warum wir fragwürdige Überzeugungen, schlechte Entscheidungen und verletzendes Handeln rechtfertigen. München, 2010.

67 Sigmund Freud: Die Zukunft einer Illusion. In: Sigmund Freud: Studienausgabe. Frankfurt/M., 2009, Band IX, S. 180.

68 앞의 책과 동일.

69 앞의 책, 181쪽 인용.

70 앞의 책, 186쪽 인용.

71 Thomas Junker: Die Evolution des Menschen. München, 2006, S. 97.

72 Theodor W. Adorno: Minima Moralia. Reflexionen aus dem beschädigten Leben. Frankfurt/M., 1989, S. 21.

73 Stefan Bonner, Anne Weiss: Generation Doof. Wie blöd sind wir eigentlich? Köln, 2008.

74 Sigmund Freud, Die Zukunft einer Illusion, S. 186.

75 Karl Marx: Thesen über Feuerbach. In: Marx-Engels-Werke (MEW), Band

3, S. 5 f.

76 아인슈타인의 견해는 이 책에 제시된 논거와 다양한 관점에서 일치한다. 아인슈타인의 《나의 세계관Mein Weltbild》(Gütersloh, 연대 미상)이나 앨리스 칼라프라이스Alice Calaprice의 《아인슈타인이 말하다. 인용과 착상, 사상 Einstein sagt. Zitate, Einfälle, Gedanken》(München, 1999)을 참조할 것.

77 Wiglaf Droste: Nutzt gar nichts, es ist Liebe. Leipzig, 2005, S. 98.

78 '요람에서 요람으로' 모델의 창시자 미하엘 브라운가르트는 자신의 강연에서 이에 대해 반복적으로 언급하고 있다. 그가 잘못된 생태학의 예를 들며 입증한 사실은 비지성적으로 고안된 다른 형태의 시스템에도 잘 들어맞는다.

79 이 점에 대해서는 미하엘 슈미트-살로몬의 《선과 악의 저편에서. 왜 우리는 도덕이 없으면 더 나은 인간이 되는가Jenseits von Gut und Böse. Warum wir ohne Moral die besseren Menschen sind》(München, 2009)를 보라. 이 주제는 미하엘 슈미트-살로몬과 레아 살로몬Lea Salomon의 《라이프니츠는 버터 비스킷이 아니었다. 크고 작은 철학 문제의 흔적을 쫓다Leibniz war kein Butterkeks. Den großen und kleinen Fragen der Philosophie auf der Spur》(München, 2011)에서도 다뤄진다.

80 Vgl. Stephane Hessel: Empört euch!, Berlin, 2011.

고즈원은 좋은책을 읽는 독자를 섬깁니다.
당신을 닮은 좋은책—고즈원

어리석은 자에게 권력을 주지 마라

미하엘 슈미트-살로몬 지음
김현정 옮김

초 판 1쇄 발행 | 2012. 8. 28.
개정판 1쇄 발행 | 2022. 11. 25.

발행처 | 고즈원
발행인 | 고찬규
신고번호 | 제313-2004-00095호
신고일자 | 2004. 4. 21
(121-896) 서울특별시 마포구 양화로 7길 84 영화빌딩 4층
전화 02)325-5676 | 팩시밀리 02)333-5980

값은 표지에 있습니다.
ISBN 979-11-87904-38-0 03300

고즈원은 항상 책을 읽는 독자의 기쁨을 생각합니다.
고즈원은 좋은책이 독자에게 행복을 전한다고 믿습니다.